"35 REGLAS DE ORO PARA INVERTIR EN TI MISMO Y SER EXITOSO"

"AUTOR: SANTOS O. MEDRANO CHURA"

Dedicatoria:

Este libro está dedicado a todas las personas que desean aprender el mejoramiento de su autoestima, disciplina, educación, sabiduría, experiencia de la vida y muchísimas virtudes y de lo maravilloso que es la vida, para mejorarla día a día.

INDICE

1. COMER MÁS SALUDABLE 5

2. APRENDE A COCINAR 7

3. NO TE PREOCUPES DE LAS OPINIONES 9

4. LEVÁNTATE TEMPRANO 12

5. DEJA DE PROCRASTINAR 16

6. GESTIONAR MEJOR TU TIEMPO 20

7. VIAJA MÁS 22

8. HAZTE UNA RUTINA A TU GUSTO 25

9. INVIERTE TU DINERO 27

10. DESAFÍATE DIARIAMENTE 31

11. GASTA DINERO EN EXPERIENCIAS 33

12. VISUALIZA TU ÉXITO 36

13. PERDONA 40

14. APRUÉBATE A TI MISMO 43

15. TOMA NOTA DE TODO 43

16. ESCUCHA PODCAST 44

17. AHORRA DINERO 46

18. LEE LIBROS 57

19. APRENDE COSAS EN LÍNEA 61

20. ELIGE AMIGOS SABIAMENTE 65

21. MANTENTE EN CONTACTO CON LA FAMILIA 67

22. DESHAZTE DE AMIGOS TÓXICOS 71

23. MIRA PROGRAMAS EDUCATIVOS 75

24. COMIENZA TU NEGOCIO 76

25. ENCUENTRA TU MENTOR 78

26. APRENDE UN IDIOMA 82

27. ESTABLECE OBJETIVOS 83

28. PLANIFICA TU DÍA Y SEMANA 85

29. PRACTICA LA MEDITACIÓN 91

30. PRÁCTICA LA GRATITUD 93

31. HAZ UN PLAN DE VIDA 102

32. EJERCITA 106

33. APRENDE NUEVAS HABILIDADES 116

34. BEBE MENOS ALCOHOL 118

35. COMIENZA UN NUEVO PASATIEMPO 120

1. COMER MÁS SALUDABLE

Un estilo de vida saludable conlleva muchas decisiones. Entre ellas, la elección de una dieta o un plan de alimentación equilibrado. Entonces, ¿cómo se elige un plan de alimentación saludable? Comencemos por definir qué es un plan de alimentación saludable. Un plan de alimentación saludable tiene en cuenta lo siguiente:

Resalta la importancia de las frutas, las verduras, los cereales integrales, la leche y los productos lácteos sin grasa o bajos en grasa, Incluye carnes magras, aves, pescado, frijoles, huevos y nueces.

Contiene poca cantidad de grasas saturadas, grasas trans colesterol, sal (sodio) y azúcares adicionales

Se mantiene dentro de sus necesidades calóricas diarias

¡Aliméntese en forma saludable y disfrute de sus comidas!
Un plan de alimentación saludable para controlar el peso incluye una variedad de alimentos que quizás usted no haya considerado. Si la "alimentación saludable" le hace pensar en los alimentos que no puede comer, concentre su atención en todas las comidas nuevas que puede comer:

Frutas frescas: no piense solo en manzanas y bananas. Esas son excelentes opciones, pero pruebe también algunas frutas "exóticas". ¿Qué le parece un mango? ¡O una piña jugosa o un kiwi! Cuando no sea la temporada de su fruta fresca preferida, puede probar las versiones congeladas, enlatadas o secas de las frutas frescas que le gustan. Una advertencia acerca de las frutas enlatadas es que pueden contener azúcares o jarabes adicionales. Asegúrese de elegir las variedades de frutas que sean envasadas en agua o en su propio jugo.

Verduras frescas: Es posible que descubra que le gustan las verduras a la parrilla o al vapor sazonadas con hierbas que aún no ha probado, como el romero. Puede sofreír las verduras en una sartén antiadherente con un poco de aceite en aerosol. O pruebe con verduras congeladas o enlatadas para preparar un acompañamiento rápido, solo necesita calentar en el microondas y servirse. Cuando pruebe verduras enlatadas, busque las que vienen sin sal adicional, sin mantequilla ni salsas de crema. Comprométase a ir a la sección de verduras y probar una nueva verdura por semana.

Alimentos ricos en calcio: puede ser que piense automáticamente en un vaso de leche baja en grasa o sin grasa cuando alguien dice que debe "comer más productos lácteos". Pero, ¿qué pasa con los yogures bajos en grasa y sin grasa que no contienen azúcares adicionales? Estos vienen en una amplia variedad de sabores y pueden ser un excelente sustituto de los postres para los que les gusta el dulce.

La nueva versión de un viejo conocido: si su receta favorita lleva pescado frito o pollo empanizado, trate de cocinarlos al horno o a la parrilla para lograr variaciones más saludables. Tal vez incluso pueda probar una receta que lleva frijoles secos en lugar de carne con alto contenido de grasa. Pregunte a sus conocidos o busque en internet y revistas las recetas que contengan menos calorías, ¡es posible que se sorprenda al descubrir que tiene un nuevo plato preferido!

2. APRENDE A COCINAR

¿No sabes cocinar? Pues eso hay que arreglarlo. La comida es algo fundamental y nuestra máxima es que todos podemos cocinar, aunque no sea buen cocinero.

Mira recetas y seguirlas al pie de la letra es el primer consejo que podemos darte para que aprendas a cocinar y te salga algo mínimamente comestible. Hay un sinfín de artilugios de cocina y cada uno de ellos tiene su utilidad, así que es cuestión de ir adquiriéndolos poco a poco. Pero entre estos, existen materiales que son básicos en la cocina y que no pueden faltar. Estos son los materiales que necesitas para aprender a cocinar:

Cuchillos: es imprescindible tener cuchillos que, además, estén bien afilados. Ten en cuenta que entre los cuchillos hay variedad y unos cuantos te harán falta desde el inicio. Estos básicos son el cuchillo de cocinero, el multiusos, el cuchillo de sierra y el pelador.

Tabla de cortar: de plástico o de madera, estas tablas son necesarias porque tendrás que cortar mucha verdura, carne y pescado, además de hierbas, frutas y otros alimentos. Casi todos los ingredientes de una receta pasarán previamente por la tabla de cortar, así que no la puedes tener muy lejos.

Cuchara de palo: y le siguen la espumadera, la espátula y el cazo. Si no quieres madera, puedes optar por el plástico, pero huye del metal porque estropean las sartenes y cacerolas.

Batería de cocina: sartenes, ollas y olla exprés. Consíguelos en distintos tamaños. Verás qué útil.

Batidora: quizás con tus manos no tengas mucha maña pero la batidora te saca de más de un apuro.
Tuppers: imprescindible para guardar toda la comida que cocines.

El primer consejo que puedo darte para aprender a cocinar es que le pierdas el miedo a la cocina. Hay multitud de personas que no cocinan porque no saben. Sin embargo, aunque para ser un gran cocinero hay personas más dotadas que otras, la realidad es que cocinar un plato medio decente todos podemos. Busca recetas, encuentra los ingredientes y utensilios que necesitas para elaborarlo y fíjate bien en los tiempos. Y tan solo sigue la receta al pie de la letra. Si sigues los pasos dados en la receta, tienes que tener un resultado medianamente bien.

Por otro lado, lo más complicado es el tema de los condimentos. Acertar con la cantidad de sal, pimienta, vinagre y otros condimentos es lo más difícil. El truco está en echar una cantidad pequeña e ir probando. Se puede arreglar añadiendo más, pero no tendrá arreglo si te excedes con la cantidad. Así que ya sabes, de menos a más. Además, en el caso de la sal, es mejor echarla al final, así reducimos también el consumo de una sustancia que para la salud no es buena.

Si es tu primera vez en la cocina, no pretendas elaborar platos complicados. Iníciate con recetas sencillas y con el tiempo ya irás aumentando el nivel de dificultad en tus elaboraciones. Fíjate que hay recetas de dificultad media, recetas fáciles y recetas difíciles. Empieza por las más sencillas. Pero esto no significa que te conformes con abrir una lata de conservas o que comas solo ensaladas. No tengas miedo al fuego.

Otro factor muy importante a la hora de cocinar es el tiempo y el estrés. Las prisas no son buenas en la cocina. Se necesita tiempo para cocinar, porque la preparación de los alimentos es un proceso. Si una receta requiere de 30 minutos de cocción, no puedes darle menos, así que echa fuera las prisas y, si entras en la cocina, nada de estrés.

3. NO TE PREOCUPES DE LAS OPINIONES

Agradar a todo el mundo es imposible, sobre todo si queremos mantener una buena salud emocional. Preocuparse en exceso por lo que piensan los demás puede suponer un gran desgaste psicológico. Al estar continuamente pendientes de agradar a todo el mundo, nos abandonamos.

De hecho, es una manera muy frecuente de dejar de vivir el momento presente y de traicionarnos a nosotros mismos. Porque al final, ¿quiénes somos en realidad? Es como si nos hubiéramos vendido a los demás, como si nuestras opiniones y pensamientos no fuesen válidos si no son aprobados por otros.

No hay nada más seductor que una persona que se muestra totalmente en sintonía consigo misma y que vive la vida tal y como le gustaría. ¿O no? Por tanto, ¿por qué no mostrarnos tal y cómo somos y permitimos a los demás que nos conozcan por ello, en lugar de fingir ser quien no somos?

Características de una persona que se preocupa por lo que piensan los demás

Si eres de los que pasa mucho tiempo pensando en dar una imagen para ser aceptado por los demás, seguramente lleves a cabo alguno de estos comportamientos:

- Dejas de ser tú mismo y eres quien los demás quieren que seas.
- Te alejas de los demás para que no te juzguen.
- Vives constantemente pendiente de si tus acciones serán aceptadas o no.
- Mantienes un estado constante de alerta que es resulta agotador.
- Si algo no sale como habías planeado, te sientes muy mal.
- Te olvidas de ti para pensar en los demás.
- Guardas tus emociones por estar pensando en si serán aceptadas o no.
- No te muestras como eres, sino como quieren que seas.
- Tienes un escudo puesto que evita que tus relaciones sean auténticas y que acaba desgastándote.

Estos son algunos de los muchos problemas derivados de un exceso de preocupación por lo que piensan los demás. Como ves, intentar gustar a todo el mundo resulta agotador, sobre todo porque acabas anulándote y fingiendo ser quien no eres.

Cómo dejar de preocuparse por lo que piensan los demás

Si pasas mucho tiempo temiendo la opinión de los demás hasta el punto de que te quedas sin tiempo para ti, sigue los consejos que te mostramos a continuación. Seguro que te ayudarán.

1. Entiende los motivos de tu preocupación

Entender que la cultura y la socialización son importantes para nuestra pertenencia social es el primer paso para dejar de pensar de esta manera. Desde pequeños nos enseñan a actuar de una forma determinada, a vestirnos de una manera concreta, a aceptar ciertas ideologías, a comprar los productos de moda, etc.

Además, el surgimiento de las redes sociales favorece que estemos constantemente expuestos a un escaparate de comparación social. Por ello, debemos reflexionar sobre lo que está ocurriendo a nuestro alrededor. Esto es muy importante para recuperar nuestra identidad de sujetos y no de objetos.

Es agotador controlar constantemente la imagen que mostramos hacia el exterior, y más cuando tenemos que estar pendientes de lo que publicamos en nuestros perfiles de Facebook, Instagram, etc.

2. No puedes controlar la opinión de los demás

Cada persona es un mundo, con sus experiencias, sus pensamientos, sus gustos, etc. Por ello, es imposible agradar a todo el mundo porque no puedes encajar dentro de los parámetros de todas las personas.

Centrarte en los demás en vez de en ti mismo es un error, ya que no tienes control sobre lo que piensan o dicen de ti. Lo que sí que puedes controlar es el camino que tú quieres seguir y lo que te vas a llevar contigo.

3. No malgastes tus fuerzas en agradar a los demás

Como hemos comentado, preocuparse por lo que los demás piensan de ti es agotador, porque malgastas tu energía en algo que no controlas. En lugar de ello, invierte ese tiempo en pensar en ti y seguro que conseguirás mejores resultados.

Conócete, lucha por lo que quieres en la vida y crece como persona.

4. Practica mindfulness

La filosofía mindfulness hace referencia a vivir el presente en toda su totalidad y propone que en este camino seamos capaces, progresivamente, de encontrar la esencia de lo que somos.

Gracias a esta práctica nos hacemos conscientes de la realidad que nos rodea y podemos vivir desde la libertad, el conocimiento de uno mismo y la aceptación. Además, desde la mentalidad mindfulness, no tiene mucho sentido lo que piensen los demás de nosotros mismos, porque nos respetamos tal y como somos.

4. LEVÁNTATE TEMPRANO

A veces cuesta mucho salir de la cama, pero este cambio de hábito puede ser relativamente llevadero.

Levantarse temprano es uno de los hábitos más complicados de llevar a cabo para algunos, especialmente esos días en los que la temperatura exterior es helada y apetece quedarse acostado y disfrutar del confort de la cama y la almohada.

Te ha pasado alguna vez, que pese a poner la alarma con la mejor de las intenciones y a sabiendas de que era necesario estar en pie pronto para completar una serie de tareas, has permanecido en tu lecho. De hecho, incluso has apagado la alarma y ni te has dado cuenta.

Diferencias entre los matutinos y vespertinos

Aunque un estudio de la Semmelweis University encontró que las personas con un cociente intelectual alto preferían vivir de noche, ser inteligente, en realidad, pasa por adoptar unos hábitos de sueño saludables, que te permitan ser más productivo durante la jornada, rendir mejor y gozar de un mayor bienestar general (puedes saber más sobre esta investigación haciendo.

Sin embargo, algunos expertos afirman que las diferencias entre las personas que se levantan pronto y aquellas que no se encuentra en que unas son matutinas y otras vespertinas. Las personas vespertinas tienen una gran dificultad para despertar por la mañana, y en la tarde o noche se sienten lúcidas y enérgicas. Esto parece estar relacionado con el gen "clock", que segrega melatonina a un ritmo diferente al del resto. Ahora ya tienes la excusa perfecta para quedarte en la cama hasta las tantas.

Puedes profundizar en este tema en este artículo: "Las personas inteligentes prefieren vivir de noche y les cuesta más dormir"

Levántate temprano

Ahora bien, es posible adoptar una serie de estrategias que te ayuden a levantarte temprano para poder llegar a todo. Son las siguientes.

1. Levántate con música

Lo de la clásica alarma pasó de moda. Ahora es posible programar algunos despertadores con canciones por la mañana. Puedes programar, por ejemplo, alguna canción de heavy metal que hará que retumben las paredes de tu habitación y te levantarán de la cama rápido. No te quedará más remedio que apagar esa molesta alarma para que no se resientan tus oídos. Sin embargo, esta estrategia no es muy útil si vives con otras personas o si duermes con tu pareja. A no ser que también quieran levantarse a la misma hora que tú.

Si no puedes probar otro tipo de canciones. Una buena alternativa son las canciones motivadoras y aquellas que afectan positivamente a tu estado de ánimo.

2. Pon el despertador lejos de tu cama
Una buena estrategia para evitar esta situación es poner la alarma lejos de la cama para que necesites levantarte para apagarla. Si encima lo combinas con el punto anterior (es decir, poner canciones con un volumen alto), te levantarás rápido a apagar esa canción que hace que se despierte todo el vecindario.

3. Utiliza una app
Con la irrupción de las nuevas tecnologías en nuestra vida, son muchas las aplicaciones que podemos descargar para hacernos las vida más fácil. Esto también incluye levantarse pronto. Es por eso que en la tienda de aplicaciones de tu dispositivo pueden encontrar algunas apps tan curiosas como "Puzzle Alarm Clock".

La característica de esta aplicación es que para apagar la alarma los usuarios deben realizar una serie de acciones especiales, por ejemplo, completar una operación matemática. Esto exige gran concentración, por lo que será necesario estar bien despierto y se te quitarán las ganas de seguir durmiendo.

4. Vete a dormir temprano
Es posible que consigas levantarte temprano un día si sigues estos consejos, pero si lo que deseas es poder levantarte temprano de manera habitual, es necesario que comiences a acostarte a una hora decente.

No pretendas levantarte a las 7 de la mañana si te acuestas a las 2. "Un factor importante para poder despertar fácilmente a la hora deseada por la mañana es tener controlado el ritmo circadiano o reloj corporal", afirma el investigador Leon C. Lack, profesor de la Escuela de Psicología de la Universidad Flinders, en Australia. Para despertarse temprano, gran parte de lo que hacemos el día anterior (o días anteriores) tiene mucho que ver.

5. Evita la cafeína después de las 6
Este punto está muy relacionado con el anterior, pero es necesario recordarlo para que entiendas que no es positivo tomar estimulantes por la noche. Los expertos aconsejan no tomar cafeína después de las 6 de la tarde, para evitar así un efecto contraproducente en lo que respecta al sueño nocturno. Recuerda que no solo el café contiene cafeína, sino que otros alimentos o bebidas como la Coca-Cola también contienen esta sustancia.

6. Cuida el entorno
Esto quiere decir que tengas una temperatura correcta en la habitación, un colchón cómodo y una almohada

confortable que te permitan dormir bien y tener un sueño de calidad y reparador.

También debes evitar tener el televisor puesto cuando te vayas a la cama, porque si te gusta lo que miras, seguramente tardarás más en dormirte y muy posiblemente tengas que despertarte por la noche a apagarla.

7. Cena ligero

Si cuidar tu entorno es importante para dormirte a una buena hora y para no despertarte a mitad de la noche porque estás sudando demasiado o porque tienes que apagar la televisión, cenar ligero es importante. ¿Por qué? Pues porque las comidas copiosas por la noche pueden causar insomnio y entorpecer el sueño reparador.

8. Trabaja la higiene del sueño

La higiene del sueño son un conjunto de prácticas permiten dormir bien. No solamente se refiere a la cantidad de sueño, sino también a la calidad de éste. Tener una buena higiene de sueño influye en el bienestar y en el rendimiento a lo largo del día.

La buena higiene del sueño es clave si queremos despertarnos temprano y ser productivos el día siguiente, y son muchas las causas que pueden entorpecerla: horario laboral, hábitos antes de acostarte, estilo de vida, etc. Por tanto, el objetivo de la higiene del sueño es acostarse y despertarse respetando un horario durante toda la semana, pero también es su finalidad que duermas de manera saludable, es decir, respetando las 6-8 horas que recomiendan los expertos.

5. DEJA DE PROCRASTINAR

La procrastinación (del latín procrastinare: pro, adelante, y crastinus, referente al futuro), postergación o posposición es la acción o hábito de retrasar actividades o situaciones que deben atenderse, sustituyéndolas por otras situaciones más irrelevantes o agradables.

Hay una lista de múltiples estrategias, algunas sencillas y otras no tanto, que combinadas o de forma independiente, pueden ayudarte a reducir bastante tu nivel de procrastinación:

Utiliza la Regla de los Dos Minutos. La Regla de los Dos Minutos tiene su origen en GTD y dice que si estás planificando una acción que se puede hacer en menos de dos minutos, no la planifiques; hazla. Puedes extender ese tiempo a 5 ó 10 minutos. Si haces de esta regla un hábito, habrá una multitud de tareas que no vas a tener la oportunidad de posponer.

Da tu primer paso. Si temes a una tarea por el motivo que sea, plantéate trabajar solo 5 minutos y dejarlo. Cuando empiezas a trabajar el miedo se desvanece y coges inercia para continuar y terminar el trabajo. Al dar el primer paso vences esa resistencia y empiezas a ver de otra manera cosas que antes te parecían imposibles. Deja de pensar y hazlo.

Las rutinas ayudan. Si conviertes la tareas repetitivas y aburridas en rutinas, terminarás haciéndolas sin apenas esfuerzo. Las rutinas son hábitos o costumbres que haces de forma casi inconsciente y simplifican tu vida.

Toma decisiones. Muchas veces vas aplazando una tarea inconscientemente, simplemente porque no te paras a pensar en ella. Dedica un par de minutos para aclarar qué significa realmente esa tarea y toma una decisión al respecto. Puede que decidas demorarla de una manera racional, en cuyo caso no estás procrastinando y no te sentirás mal por ello.

Haz un seguimiento de tu tiempo. Anota en algún sitio qué tareas realizas cada día y cuanto tiempo has dedicado a cada una. Al anotar tu tiempo creas un compromiso interno que te hace ser más responsable con respecto a cómo lo utilizas.

Aprende a decir no. Apuesto a que muchas de las tareas que pospones son compromisos que te has buscado por no saber decir que no.

No tengas miedo a abandonar. Puede que no sea el momento de hacer algo. A veces creemos que tenemos que hacer algo simplemente porque lo hemos empezado. Si el tiempo hace que ese proyecto ya no tenga tanto sentido o no sea lo suficientemente importante, simplemente déjalo y haz otras cosas. Esperar no significa procrastinar.

Gestiona tu energía, no tu tiempo. Es importante que trabajes en tus mejores momentos. Si estás agotado o de mal humor, tus probabilidades de procrastinar aumentan considerablemente. Para tener una mejor actitud, descansa lo suficiente, controla tu nutrición y haz ejercicio.

Utiliza la estrategia de Seinfeld. Jerry Seinfeld, actor y cómico, utiliza esa estrategia para no dejar de escribir chistes cada día. Si tienes que hacer una tarea todos los días, coge un calendario y marca con una X cada día que lo haces. El objetivo es no romper la cadena de equis en el calendario.

Divide el trabajo en tareas pequeñas y concretas. Un proyecto grande y complejo puede resultar abrumador. Al dividirlo en pequeñas tareas consigues ver claro el camino y la resistencia a enfrentarte a él disminuye.

Establece una recompensa para cuando termines esa tarea que se resiste. Motívate pensando en lo que harás después de hacerla—algo que realmente te apetezca, te relaje y no suponga ningún esfuerzo. Define tus propios incentivos.

Haz que sea divertido. Si se trata de una tarea aburrida, busca maneras de hacerla divertida. Juegos, estrategia Seinfield, técnica Pomodoro, recompensas en cada avance, etc.

Hazlo público. Si se trata de un reto importante, hazlo público. Habla de ello con tu familia y con tus amigos, publícalo en tus redes sociales, en tu blog… Te sentirás responsable y comprometido, y te costará aplazar el trabajo.

Utiliza las palabras adecuadas. Expresa las acciones de forma clara, concisa y motivadora. Las palabras importan cuando te enfrentas a una nueva tarea.

Utiliza una lista de tareas corta. Un lista larga puede arruinar tu sensación de control y convertirse en una fuente de estrés y frustración. Cuanto más corta sea tu lista de próximas acciones, más fácil te resultará estar focalizado en lo que de verdad tienes que hacer.

Utiliza herramientas que te gusten. No quieras hacerlo todo con una hoja de papel y un lápiz. Utilizar cosas atractivas puede ayudarte a empezar con más ganas una determinada tarea.

Revisa regularmente tus objetivos. Si una tarea es complicada, incierta o aburrida, pero es importante para lograr un objetivo, tener siempre presente esa meta debería ayudarte a no procrastinar.

Trabaja tus hábitos. Si te conoces a ti mismo y averiguas por qué aplazas constantemente cierto tipo de tareas, podrás cambiar tus hábitos y encaminarlos hacia una menor procrastinación y una mayor productividad.

Evitar las distracciones. Cuantas más tentaciones tengas para hacer otra cosa en vez de lo que tienes que hacer, más fácil será procrastinar. Mantén el móvil, las notificaciones y el acceso a internet desconectados cuando te dispongas a afrontar tareas complicadas.

6. GESTIONAR MEJOR TU TIEMPO

1. Examina tus antiguos hábitos y busca maneras de cambiarlos: Cuando comprendes que tus hábitos no te ayudan a gestionar el tiempo correctamente, entonces es hora de que empieces un proceso de reforma de tus hábitos.

Los malos hábitos, son usualmente difíciles de cambiar, pero cuando lo logras, los resultados son grandiosos. Especialmente si se trata de poder gestionar mejor tu tiempo.

2. Coloca recordatorios: (puede ser en tu celular, en tu oficina, o en cualquier lugar de estudio). Cuando persigues metas a largo plazo, progresivamente vas perdiendo el enfoque. Colocar recordatorios por todos lados, te ayudará a mantenerte orientado en todo momento.

Debes dedicar unos minutos de tu principio de semana, para fijar dichos recordatorios, basado en las tareas que realizarás y los objetivos y metas que quieres lograr, ya sea a corto o largo plazo. Con esto estarás más ubicado y por tanto motivado, pues no se te pasará casi nada por alto.

3. Crea una lista de cosas diarias por hacer con sus respectivas prioridades: Contar con una lista de cosas por hacer, es una gran manera de empezar a ubicar en el tiempo respectivas actividades. Una lista de tareas permite recordar todas aquellas cosas que al final del día deberás haber finalizado, puedes ir marcando lo que ya hayas terminado y ver lo que te falta.

Sin contar, que además un checklist, te convierte definitivamente en una persona más responsable. Es mucho más que una manera de recordar lo pendiente, es un factor determinante a la hora de visualizar que tan efectivo eres en general.

4. Concéntrate en una sola cosa a la vez: Muchas personas intentan hacer varias cosas al mismo tiempo. Esto ocurre porque muchos de nosotros tenemos varios compromisos que llevar a cabo, y no tenemos mucho tiempo para ello. Una correcta gestión del tiempo, predica que para contar con más eficiencia, eficacia y efectividad, es importante enfocarse en una sola tarea en determinado instante.

Estudios demuestran que el cerebro humano es capaz de lidiar con dos cosas (máximo) al tiempo. Por lo que si te enfocas en solo una, sacarás el máximo provecho de ti mismo.

Cuando te enfocas en solo una cosa, el tiempo requerido para terminar el trabajo, disminuirá significativamente, dejándote más tiempo para lo demás.

5. Disfruta lo que haces: Cuando disfrutas lo que haces, es poco probable que te sientas estresado. Si no estás estresado, puedes cumplir con tus tareas en un periodo de tiempo mucho menor. Consecuentemente, podrás hacer más, en menos tiempo.

6. Continuamente busca maneras de liberar tiempo: Intenta librarte de la mayor cantidad de tiempo invertido que puedas, para así disminuir en general los retrasos en otras tareas. Recuerda que si ahorras algunos minutos de cada actividad en tu día, al final si lo sumas, te darás cuenta de que tienes una gran cantidad de tiempo libre, que puedes utilizar en otras cosas.

7. VIAJA MÁS

Está reflejado en nuestra salud física y emocional. Viajar nos hace más felices e, incluso puede reducir el riesgo de sufrir un ataque al corazón. Así que ¿por qué no hacerlo?

Aun cuando podemos tener un trabajo que amamos y una vida social activa, nada puede compararse con la experiencia que un viaje puede brindar. Visitar otros lugares cambia nuestra perspectiva del mundo y, a través de la gente, la cultura, la ropa, la comida y la música apreciamos más lo maravilloso que es vivir. Las personas que viajan constantemente, como los

nómadas digitales saben cuán estimulante y emocionante que puede ser.

Ya sea que viajes a otro país o al poblado próximo al que vives, viajar es una experiencia que no sólo se disfruta, sino que también se traduce en beneficios a nuestra salud y estado de ánimo.

La felicidad de planear el viaje

Según un estudio realizado en el Reino Unido, las personas se sienten particularmente felices cuando se aproximan las vacaciones. La emoción de elegir el destino, comprar los tickets de avión, preparar la maleta y la espera del viaje en general suelen provocar mucha alegría. Esto se debe, según el argumento del estudio, a que el nivel del efecto placentero en las personas cambia positivamente y, por consiguiente, aumenta su bienestar. Además, otro estudio sugiere que la anticipación del viaje puede ser incluso más placentera que la espera por adquirir un bien material.

2. Contra el estrés y las emociones negativas

Cuando el trabajo es algo que de verdad nos agobia, viajar no siempre es con la finalidad de conocer nuevos lugares, sino simplemente para alejarse, lo más posible, de las cosas negativas de nuestra vida. De acuerdo con la encuesta sobre estrés realizada por la Asociación Americana de Psicología, las vacaciones y viajes pueden ayudar a manejar el estrés y las emociones negativas porque eliminan los ambientes y actividades que son fuentes de nuestro estrés. Incluso se cree que un viaje puede ayudar a reestablecer nuestras emociones, haciéndonos más compasivos ante ciertas situaciones.

3. Para no deprimirse

¿Quién estaría deprimido mientras viaja en un crucero por el Caribe? En las ciudades la vida pasa mucho más rápido y, entre el ajetreo constante en el trabajo y el tráfico mientras conducimos puede provocar serios problemas de depresión e irritabilidad, lo que a su vez influye directamente en el bienestar general. Según los resultados del estudio realizado por la Clínica Marshfield en Wisconsin, las mujeres que viajan sólo una vez cada dos años son más propensas a sufrir de depresión y estrés que las mujeres que salen de vacaciones al menos dos veces al año.

Cambiar la casa o la oficina y las actividades que hacemos cotidianamente por un medio ambiente diferente con actividades diferentes puede traer consigo un montón de beneficios a nivel psicológico; por ejemplo, la mente puede restablecer, al igual que el cuerpo, los efectos acumulados por estar sometido a largos periodos de estrés.

4. Enriqueciendo nuestras experiencias

Tanto los viajes largos como los cortos son una acumulación de experiencias enriquecedoras debido a la exposición a ambientes totalmente nuevos a lo que estamos acostumbrados; como la cultura, las tradiciones y las perspectivas del viaje. Ese hecho quedó de manifiesto en un estudio realizado por la Universidad de Cornell que demostró que, comprar experiencias de viaje nos hace más felices en el largo plazo que comprar cosas materiales.

5. Viajar reduce el riesgo de un ataque al corazón

Aunque los ataques al corazón van a la alza por diferentes causas relacionadas a la alimentación y la falta de actividad física, los estudios han encontrado que los hombres que no acostumbran tomar vacaciones durante varios años son 30% más propensos a tener un ataque al corazón. Por el contrario, los hombres que viajan regularmente son 21% menos propensos de sufrir un ataque de ese tipo. Las mujeres que viajan sólo una vez cada seis años tienen ocho veces más probabilidades de sufrir un ataque al corazón.

Aunque los hallazgos parecen sorprendentes, es evidente que, los viajeros tienden a ser más activos que las personas que pasan la mayor parte del tiempo en una silla de oficina. Senderismo, alpinismo, snorkel y caminata son actividades que a menudo realizan los viajeros y que aumentan la salud física y mental de quien las realiza.

8. HAZTE UNA RUTINA A TU GUSTO

Comienza a actuar como si ya hubiéramos alcanzado ese ideal de organización que tanto anhelamos. Como decimos: «me la creo yo primero para que se la crean los demás». Vamos a dejar de decir (o decirnos) que somos desorganizadas. Las palabras son muy poderosas, así que vamos a desterrar esa palabra de nuestro vocabulario.

¿Y cómo actuar como si ya fuéramos organizadas? Simplemente implementando las rutinas de esas personas organizadas que admiramos, a las cuales todo eso les sale tan naturalmente.

1. Determinar las cosas más importantes que debes hacer hoy.

Para algunas personas será hacer ejercicio, porque su salud depende de ello. Para otras, hacer voluntariado. Para otras, estudiar, o mantener la casa limpia. Esto lo podemos traducir como «metas«. Las metas serán la base de tus rutinas, porque te indican en qué debes enfocar tu atención.

2. Determinar las cosas más urgentes.

Debes analizar cuáles tareas no se pueden dejar para después, y cuáles no se pueden delegar a otra persona. Un ejemplo muy claro es asistir al trabajo. Nadie lo puede hacer por mí, y no lo puedo dejar para después. Estas serán tus "prioridades". Las prioridades te permitirán discernir entre lo que debes hacer primero, lo que puedes hacer después, y lo que puedes no hacer al delegarlo a alguien más.

3. Establecer un orden.

Cuando te levantas puedes poner el café para despertarte y energizarte, o bañarte y alistarte, o tender la cama, o vestirte rápidamente nada más para ir a dejar a los niños al colegio, meditar, hacer oración, salir a caminar. Estos serán las primeras tareas que conformarán tu rutina diaria.

4. Determinar qué sigue después.

Luego de hacer esas primeras tareas, qué debes hacer? Talvez alistar el desayuno, levantar al resto de la familia, sacar al perro, descongelar la carne para el almuerzo, conectar la olla de cocimiento lento, revisar tu agenda.

5. Ordenar lo urgente y lo importante.

Luego de esto, seguirán ya sea tus prioridades (lo urgente), o tus metas (lo importante), dependiendo de qué tan urgentes o importantes sean para ti:

- Primero lo urgente e importante
- Luego lo urgente y menos importante
- Luego lo importante y menos urgente
- Por último, lo menos importante y menos urgente

Vas a ir formando una lista con todas estas tareas. Cuando tengas tu lista completa, revísala y asegúrate de que has incluido todo lo que de verdad necesitas hacer, y todo lo que de verdad quieres hacer.

6. Dividir el día en segmentos.
Luego, divide tu día en segmentos de tal forma que tengan sentido para ti. Puede ser mañana, tarde y noche, o por horas, o en segmentos de 2, 3 ó 4 horas. En estos segmentos vas a organizar tus rutinas.

7. Asignar las tareas a cada segmento.
Luego, vamos a acomodar cada tarea dentro de esos segmentos. Vas a marcar, numerar o señalar con color cada segmento del día. Luego vas a marcar de igual manera cada tarea, asignándola al segmento del día que corresponda. La mayoría van a ser muy obvias, como hacer el desayuno, se asignará al segmento de la «mañana» o a alguna hora de la mañana. Otras tareas podrán hacerse a cualquier hora del día, entonces las podrás poner en cualquier segmento, tratando de balancear el número de tareas dentro de ese segmento, o puedes hacer una categoría extra llamada «cualquier hora».

9. INVIERTE TU DINERO

Es importante que tengas en cuenta ciertos aspectos y conceptos que te guiarán en tu decisión de invertir dinero.

Para saber qué tipo de inversor eres debes saber hasta qué punto estás dispuesto a arriesgar tu dinero. Aunque no es tan sencillo, ya que pueden influir elementos difíciles de cuantificar y otros subjetivos, conocer tu perfil financiero te ayudará a saber la inversión más conveniente para ti.

Arriesgado: Es el inversor que ya conoce y controla el mundo financiero, está dispuesto a arriesgar su capital con la posibilidad de conseguir una mayor rentabilidad. Normalmente va a invertir dinero en renta variable con plazos cortos o muy cortos.

Conservador: Es un inversor que va a preferir mantener a salvo su capital, aunque esto le suponga una menor rentabilidad. Va a realizar inversiones en renta fija y suelen ser a medio-largo plazo.

Moderado: Este inversionista se encuentra entre el arriesgado y el conservador, porque quiere recibir más rentabilidad, pero sin arriesgar demasiado. Sus inversiones en renta fija y renta variable serán similares, y a medio plazo.

¿Cómo elegir la opción adecuada para invertir mi dinero?

La decisión es personal y va a depender del estudio que hayas realizado de las opciones de inversión. Este estudio se hace para conocer las principales características como el riesgo, la rentabilidad o el grado de liquidez.

Tienes también que pensar en cuánto dinero estás dispuesto a arriesgar, cuáles son tus objetivos económicos, qué conocimientos tienes y tus preferencias en cuanto al control de la inversión.

Planifica según tus objetivos

En la actualidad acceder a inversiones especulativas a muy corto plazo, pero con mucho riesgo, es fácil. Pero esto no quiere decir que sea recomendable hacerlo. Si has decidido invertir, hazlo con cabeza y planifícalo. No te dejes llevar por la ambición del **"DINERO FÁCIL"** y las modas de turno.

En el mundo de la inversión nadie sabe lo que va a pasar, hay que ser paciente para evitar que el miedo a las variaciones del mercado y nuestra avaricia nos lleven a tomar decisiones emocionales.

Decide cuánto dinero quieres invertir

Si has decidido invertir porque tienes unos ahorros, perfecto. Pero ahora las preguntas que te harás probablemente sean: ¿cuánto dinero invertir para empezar? ¿todos mis ahorros?

Invertir una cantidad de dinero u otra sin duda hará la diferencia tanto en tu situación financiera actual como en la futura.

Por eso, para determinar cuánto dinero deberías invertir, te recomiendo tener en cuenta tus ingresos y tus gastos frecuentes. Esta diferencia es la que podrías destinar a la inversión. Además, si crees que ese dinero lo vas a necesitar en poco tiempo, no lo inviertas.

Piensa a largo plazo

Las inestabilidades de los mercados se notan mucho más en el corto plazo, se observan constantes subidas y bajadas. Sin embargo, a largo plazo es más probable que haya más subidas que bajadas. Por lo que, es más probable obtener buenos resultados en el largo plazo.

Diversifica tus inversiones

Una de las recomendaciones de expertos en inversiones para reducir el riesgo es: diversificar.

La diversificación se trata de poner tu dinero en diferentes formas de inversión. Te lo explico con un ejemplo:

Imagina que tienes 15.000 euros y decides invertirlos en acciones de una empresa, pero al cabo de un año la empresa cierra, tu pierdes toda tu inversión. Sin embargo, si esos 15.000 euros los inviertes en 5 proyectos diferentes y pasando un año uno de ellos fracasa solo habrás perdido una parte de tu dinero y el resto te dará beneficios.

Es por esto que los fondos de inversión se han convertido en un instrumento eficaz para aquellos inversores que buscan diversificar. Por ejemplo, un fondo de inversión de renta variable o mixta, te permitirá comprar acciones de varias empresas, de esta forma el riesgo se reduce; al no depender únicamente de los resultados de una empresa.

Busca asesoramiento de un profesional

Para invertir no hace falta convertirse en un experto financiero. Claro que, siempre puedes formarte e investigar para ampliar tus conocimientos.

De todas formas, si eres nuevo en el mundo de las finanzas, te recomiendo que busques consejos profesionales de gestores financieros. Esta persona te orientará en la toma de tus decisiones financieras, pero recuerda que la responsabilidad de las acciones finales es tuya.

¡Ojo! No vale cualquier asesor. Debes buscar un intermediario fiable, autorizado y registrado en la Comisión Nacional de Mercado de Valores (CNMV).

No te fíes de inversiones con resultados seguros.

Las inversiones sin riesgo, no existen.

El mundo de las inversiones es muy impredecible. Nadie te puede asegurar una rentabilidad sin riesgos. De hecho, la rentabilidad y el riesgo van de la mano. Cuanto en una inversión tenga mayor riesgo, mayor rentabilidad se podrá obtener, a largo plazo.

Así que no te creas cuando te hablen de inversiones con rentabilidades altas y seguras. Cuidado con cualquier tipo de estafas.

En la página web de la CNMV puedes encontrar un listado "Entidades y personas que no están autorizadas para actuar en los mercados de valores (chiringuitos financieros)", haz clic aquí para ver esta lista. NUNCA te fíes de desconocidos que quieran asesorarte sobre inversiones y verifica esta lista.

No inviertas en lo que no entiendas

Hay diferentes instrumentos financieros, algunos son más sencillos que otros. Pero si no entiendes en qué consiste alguno de ellos, evítalo.

NO comprometas tu dinero en inversiones complejas que no entiendas.

10. DESAFÍATE DIARIAMENTE

Es una parte importante del **ÉXITO**, una de las mejores técnicas para elevar su nivel de productividad es desafiarse de nuevas maneras cuando se despierta y comienza su día.

Hacer algo desafiante y realmente romper tus propios hábitos y normas es una excelente manera de elevar tu espíritu y aumentar tu eficiencia.

Por ejemplo, si estás estudiando para algo, configura un desafío para ti mañana y di que vas a estudiar durante 10 horas.

Incluso puede establecer un desafío y decir que va a hacer el trabajo de una semana en un solo día. Puede establecer el desafío de leer un libro en uno o dos días.

Cuando haces esto, alcanzas la máxima eficiencia por solo un poco de tiempo entre tu tediosa rutina semanal. Esto es útil de muchas maneras, ya que lo empuja a avanzar más allá de su zona de confort y le da color a su vida al cambiar su procedimiento diario.

También puede permitirle hacer más en menos tiempo. Por ejemplo, con su velocidad casual y actual, puede tardar semanas en terminar de leer un libro. Al desafiarte a ti mismo, podrías hacerlo en una forma de días.

Establecer los desafíos y tomarlos en serio es lo único que debe hacer para poder desarrollar su productividad con este método.

Establece desafíos difíciles y asegúrate de decirte que puedes enfrentarlos y tener éxito en terminarlos.

¿Qué pasaría si se hacen las cosas de otra manera y se obtiene un mejor resultado? Al ser autocríticos y salir de la zona de confort, haciendo a un lado el ego profesional y cuestionando qué se puede mejorar o cambiar.

Una mentalidad importante de las personas exitosas es su disposición a desafiarse constantemente a sí mismos y salir triunfalmente de estos desafíos.

11. GASTA DINERO EN EXPERIENCIAS

En esta generación "no se gasta dinero ni en automóviles, ni en televisores ni en relojes". Algunos investigadores estudiaron la manera en la que la gente podía gastar su dinero para ser más feliz. Una teoría decía que los objetos materiales podían aumentar la felicidad debido a que las cosas duran más que una experiencia. En 20-year study del Dr. Thomas Gilovich, profesor de psicología en la Universidad de Cornell, podemos encontrar que la verdadera felicidad se encuentra en hacer lo contrario.

El Dr. Gilovich es uno de los tantos investigadores que creen en la Paradoja de Easterlin. Este fenómeno indica que después de satisfacer nuestras necesidades básicas, el dinero sólo aumentará la felicidad hasta cierto punto por los siguientes motivos:

1. La felicidad basada en objetos materiales desaparece rápido

"Un enemigo de la felicidad es la costumbre", "compramos cosas para hacernos felices y sí, lo logramos. Pero sólo durante un tiempo. Tener cosas nuevas nos emociona al principio, pero luego nos acostumbramos a ellas", dice el Dr. Gilovich.

Los psicólogos lo llaman "adaptación hedónica". En otras palabras, la emoción causada por ese coche, iPhone o esos muebles nuevos se desvanece en el momento en que se convierten en parte de nuestra vida cotidiana. Las experiencias como viajar, asistir a una exposición de arte o comer en un nuevo restaurante, toman parte de nuestra identidad, lo que nos trae mayor satisfacción.

"Nuestras experiencias son una parte más grande de nosotros mismos en comparación con los bienes"; "pueden gustarte tus cosas materiales, incluso puedes llegar a pensar que parte de tu identidad está conectada a esas cosas, no obstante, están separadas de ti. En contraste, tus experiencias realmente forman parte de tu persona"; "somos la suma total de nuestras experiencias", dice Gilovich.

2. Las experiencias definen tus metas y pasiones

Tus actividades diarias deberían ser guiadas e influenciadas por tu propósito en la vida y tus pasiones, no por tus posesiones materiales.

Piénsalo de esta manera. Digamos que Bruce Springsteen es tu músico favorito de todos los tiempos.

A pesar de que tienes todos sus álbumes, y algunos otros artículos como playeras o posters, ¿se comparan a verlo en concierto? Probablemente no. De hecho, si alguien te ofreciera un boleto de primera fila a cambio de todos tus recuerdos de Bruce, seguro aceptarías sin dudarlo.

3. Los bienes materiales no contribuyen a las relaciones sociales

"Consumimos experiencias directamente con otras personas. Y cuando esas personas ya no están, forman parte de las historias que contamos", dice Gilovich.

¿Te relacionas más con otras personas cuando hablas de objetos o de experiencias? Piensa en Bruce otra vez. Cuando conoces a otro fan, tienes un cierto vínculo y conexión. Pueden hablar de su música, de los conciertos a los que has asistido y de lo mucho que su música ha marcado tu vida. Eso sin duda es una conversación más profunda e interesante que hablar de coches, artilugios, ropa o incluso de los souvenirs que tienes de él, ¿cierto?

El experto en relaciones sociales John Hall, autor del libro Top of Mind, me dijo hace poco: "Las relaciones son como el cátsup, sólo tu puedes decidir si quieres ponerle o no a tu hamburguesa". Todos podemos querer o no querer.

4. Los momentos son más memorables

Las experiencias están diseñadas para ser fugaces, sin embargo, nos proporcionan un alto nivel de excitación y quedan en la memoria, gracias a la manera en la que nos anticipamos para vivirlas. Una vez más, regresemos al ídolo.

Escuchas que viene a la ciudad, así que marcas en tu calendario la fecha del espectáculo, y el día en que los boletos estarán a la venta. Anticipas la compra para asegurar tus entradas. Ir a este evento se convirtió en una experiencia completa, no sólo en un momento pasajero.

5. Las experiencias te introducen hacia un mundo nuevo

A diferencia de las cosas, las experiencias te muestran nuevas perspectivas, lecciones de vida y la importancia de la gratitud. Viajar, por ejemplo. Si vives en Nueva York y viajas a Virginia Occidental, puedes darte cuenta de los pros y los contras de vivir en la Gran Manzana. A pesar de toda la cultura que hay en ella, el transporte público y mucho que hacer, ese viaje de fin de semana, te hizo apreciar la naturaleza, la tranquilidad y la belleza de las noches tranquilas y estrelladas del lugar en el que vives.

Puedes llegar a comprender las diferencias culturales. Incluso si no estás de acuerdo con sus puntos de vista, aprendiste a ser más reflexivo, compasivo, humilde o agradecido.

6. Acumulación de objetos

¿Tienes un patio lleno de cosas? La acumulación de basura que nunca vas a utilizar puede causar daño a tu salud mental. Esto se debe a que cuando nuestras casas están desordenadas y llenas de basura nuestro nivel de estrés aumenta.

7. No es bueno codiciar lo de los demás.

"Intentar mantenerse al día tiende a la codicia de obtener bienes materiales más que de la adquisición de experiencias", dice Gilovich. Esto se debe a que, de acuerdo con la investigación de Ryan Howell y Graham Hill, es más fácil comparar los bienes materiales que las experiencias.

En otras palabras, gastar dinero en experiencias puede disminuir este sentimiento de envidia, lo que significa que, al final, estaremos más saludables y felices.

¿Qué te hace más feliz? ¿Dinero o experiencias?

12. VISUALIZA TU ÉXITO

El primer paso para ser exitosos en cualquier emprendimiento o proyecto es imaginarlo. Existen diversas técnicas para poder visualizar el éxito y concretar nuestros objetivos. Es tan simple como "soñar despiertos" e imaginarnos en el preciso momento en que conseguimos nuestras metas.

Gracias a la visualización podremos "acomodar" los pensamientos, experimentar las mismas sensaciones que ocurrirán en ese momento, enfocarnos en nuestras virtudes y tratar de cambiar aquello que no nos agrada. Pero atención que no se trata de vivir soñando, sino de equilibrar la acción con la imaginación.

Visualiza el éxito y tus sentimientos

¿Te has puesto a pensar alguna vez qué sensación tendrás cuando te gradúes, cuando tu empresa sea exitosa o cuando te cases? Imaginar esas emociones te permitirá estar cada vez más cerca de tus objetivos. ¿Tan solo con soñarlo? Sí, tan solo con soñarlo.

Algunos consideran que la visualización es una terapia que está de moda y por ello ahora todos deberíamos llevarla a cabo, sin embargo, se trata de una técnica con mucha historia. Desde la antigua Roma ya se utilizaban los pensamientos para poder superar los problemas y hasta para curarse de algunas enfermedades.

Podemos obtener muy buenos resultados si visualizamos lo que queremos conseguir. La imaginación nos aporta la energía y la motivación suficientes como para seguir adelante sin importar cuánto nos cueste hacer realidad nuestro sueño. Si nos enfocamos en una sola cuestión a la vez nos será más simple.

La concentración es muy importante ya que habrá otros pensamientos que quieran distraernos. Pero no podemos permitirlo si realmente buscamos experimentar una bonita situación. Una situación que esperamos que se repita en el futuro, aunque en ese momento no solo estará en la cabeza, sino que será 100% real.

Visualizar el éxito, no el fracaso

Todas las técnicas se pueden usar para ayudarnos o para perjudicarnos. Si visualizamos el éxito podemos familiarizarnos con esa condición, mejorar nuestra autoestima y aumentar la confianza en nuestras capacidades. También nos sirve para planificar mejor y estar listos para ese torbellino de sensaciones que se producirán en tu interior cuando lo logres.

Si en vez de ello nos enfocamos en el fracaso porque no nos fiamos de que las cosas sucedan como queremos o pensamos que no somos capaces de lograr nada, entonces la visualización es negativa. Al pensar una y otra vez en el error, hay más posibilidades de equivocarse, de estar nerviosos, de no planear al detalle o de que todo salga mal.

No hay que desestimar el poder de la visualización. No es una técnica que solo se queda en la mente sino que atraviesa el cuerpo como un haz de luz que nos da fuerzas para seguir. Nos permite a su vez imaginar por completo una situación y no dejar nada librado al azar. Si crees que algo sucederá, entonces así será. Ese es el «leiv motiv» de visualizar.

Todos los sentidos puestos en la visualización

Si recibimos una buena noticia, conseguimos un trabajo que nos gusta o nuestra empresa tiene más clientes de los que esperábamos, la mente y el cuerpo reaccionan de una manera asombrosa. Son muchos los fenómenos que suceden en nuestro interior y la mayoría de ellos son inexplicables, pero nos encantan.

En el arte de visualizar el éxito también debemos prestar atención a ellos. Por ejemplo, para lograr una imagen completa de nuestra meta es preciso que todos los sentidos y emociones estén a nuestra disposición.

Para que el sueño sea lo más realista posible, a tal punto de no saber determinar si estábamos despiertos o no, es vital que añadamos muchos ingredientes a la receta. Es decir, los olores, los sabores, las texturas, los sonidos y las imágenes han de estar en una simbiosis perfecta ayudándonos a que la escena sea lo más «realista» posible.

Visualizar las emociones

Lo mismo sucede con los sentimientos. Si ya sabes que llorarás de la emoción... ¡entonces llora cuando visualizas tu objetivo concretado! Si la felicidad hace que tu corazón lata a mayor velocidad... ¡deja que los latidos aumenten!

Cada vez que imagines eso que tanto deseas no olvides añadir nuevos detalles, cuanto más nítida sea la imagen más fuerza te dará para acercarte a ella. Lo mismo que sucede con una receta de cocina y los condimentos: si le faltan aliños, el plato no tendrá gusto.

Cuanto antes pongas en práctica la técnica para visualizar el éxito, más rápido serás exitoso. Disfruta este camino desde el primer momento en que piensas en él y recuerda que se trata de disfrutar mientras lo alcanzas, no solamente cuando lo hayas logrado.

13. PERDONA

Hay un sabio dicho que dice que las heridas no duelen tanto cuando se hacen, sino cuando están cicatrizando. Por esta razón cuando alguien nos ha herido, es difícil pensar en perdonar.»

En la Biblia, la palabra "perdonar" significa literalmente "dejar pasar". Perdonar significa disculpar a alguien que nos ha hecho daño o no darle importancia a la falta que cometió con nosotros. Perdonamos a otros cuando dejamos de guardar resentimiento y no insistimos en pedir una compensación por el daño que nos hayan hecho o por la pérdida que hayamos podido sufrir.

"No poder perdonar nos genera sentimientos negativos como la rabia, el rencor y el odio".
A veces es tan complicado perdonar, que llegamos a acumular tanto resentimiento y odio hacia esa persona que nos ha herido, que le deseamos lo peor. Estos sentimientos son nocivos para nuestro corazón, ya que se van endureciendo y lo amargan. Pero lo peor de todo es que impiden que la herida hecha por esa persona cicatrice.

En diferentes momentos de nuestra vida nos veremos abocados a la tarea difícil de perdonar, y no es una acción sencilla. Cuando atravesamos una situación en la que no podemos perdonar, nunca nos sentiremos tranquilos. Por ello buscar el perdón es el principal medicamento para liberar nuestra alma del rencor.

¿Cómo perdonar a alguien que nos ha hecho daño?

R/ Simplemente es cuestión de convicción.

Para poder perdonar es vital tener en cuenta lo siguiente:

Perdonar no sólo implica decir: «te perdono». En ocasiones podemos creer que hemos perdonado, pero al tiempo estamos esperando el momento en que nos podamos vengar. Perdonar es un proceso que va más allá; en donde tiene que estar conectada tu mente, sentimientos y acciones. Nada de esto debe ir por separado. La tranquilidad que genera en tu alma el perdón ayuda a que tu mente pueda respirar tranquila y que puedas experimentar nuevamente la sensación de paz en tu interior.

Hacer una análisis de consciencia. Cuando una persona hace algo que nos genera dolor, parte de la culpa recae en nosotros, por lo que también es importante tomar consciencia de ello y aceptar si nosotros tuvimos algo que ver en la situación. Por otro lado, si al examinar el hecho te das cuenta que no tuviste nada que ver, siéntete tranquilo; que sea la vida la encargada de pasar la factura y no tú.

Reconoce que tienes una herida que tarde o temprano debe cicatrizar. En cualquier proceso de catarsis, es necesario dejar a un lado la negación ante un hecho, ya que eso te ata y te impide dar el siguiente paso. Es de importancia aceptar que hay que doblar la página. No reconocer que hemos sido heridos o vulnerables ante alguien, incrementa los sentimientos negativos y acumula rencor; lo cual es peligroso y le hace daño a tu salud física, emocional y mental.
A veces nos aferramos a sentimientos negativos que aunque sepamos que nos hacen daño, no los dejamos ir.

Toma la decisión de perdonar. Sentir que llega el momento de liberarte del pasado, y elegir llenar tu vida de amor y comprensión; es la mejor decisión que puedes tomar. También aceptar tus errores y antes que nada, perdonarse a si mismo; atrae hacia ti sentimientos de paz y tranquilidad. Lo que te ayudará a salir de ese túnel de emociones negativas al cual nunca debiste entrar.

Lucha por perdonar. Perdonar no sólo implica reconocer la necesidad de perdón y tomar la decisión de perdonar. Es de vital importancia tener la constancia de haber perdonado y es crucial no volver a experimentar el sentimiento de venganza, ya que es contraproducente meter el dedo en una herida que ya está cicatrizando.

Vuelve a ser tú. Hay personas que nos pueden dañar el alma, convirtiéndonos en seres distintos a los que hemos sido siempre. Nunca debemos cambiar nuestra esencia, nuestros buenos sentimientos y acciones, sólo porque alguien en algún momento las echó a perder. Las demás personas no deben ser culpables de las acciones de otros y tampoco tu nobleza se debe perder porque una persona basura no te valoró.

En esta vida nada es gratis, ni siquiera el amor. Todo tiene un precio y tarde o temprano pagamos todo lo que hemos hecho mal y alguien cobra el daño que nos hicieron. Quizás el tiempo no sana rápido las heridas y el viento no se lleva fácilmente los malos recuerdo, pero qué bonito es dejar a un lado eso que tanto nos hizo daño y sentir el perdón.

¡Para ser feliz hay que tener mala memoria!

14. APRUÉBATE A TI MISMO

Recuerda que, si te tratas a ti mismo como alguien especial, otros te verán como un ser especial.

Tu conducta respecto a ti mismo será el espejo de tus sentimientos sobre ti mismo. Como dice el gran libro de filosofía china, el Tao Te Ching:

"Comprender a los demás es conocimiento. Comprenderse a uno mismo es estar iluminado."

Sólo tú lo puedes hacer. ¡Sé atrevido, sé brillante, sé valiente!

15. TOMA NOTA DE TODO

Saber cómo tomar notas es fundamental para el aprendizaje. Todos tendemos a hacerlo a nuestra manera, sin pensar demasiado en ello, pero puedes mejorar sustancialmente tu sistema de toma de notas aprendiendo algunas técnicas eficaces muy utilizadas*.

* Tomar buenas notas implica al menos tres habilidades principales: Atención-comprensión, capacidad de síntesis y habilidades de codificación. La capacidad de síntesis potencia el aprendizaje y la retención porque implica prestar atención y extraer el significado esencial del material. La toma de notas mejora el aprendizaje estimulando el procesado activo de información y su relación con el conocimiento previamente adquirido.

Te animo a elegir el método que mejor se adapte a tus necesidades o combina diferentes aspectos de varios para construir tu propia técnica.

Dominar las posibilidades de la toma de notas te lleva a un mejor aprendizaje.

Tomar algunas notas es mejor que no escribir nada en absoluto, pero tomar notas de manera elaborada es incluso mejor que tener una copia exacta de la lección.

Tomar notas juega un papel esencial en tu actividad de aprendizaje*.

* Estudios que examinan el comportamiento de estudiantes mientras toman notas sugieren que el proceso de codificación de la información no es del todo efectivo porque sus procedimientos de toma de notas son menos generativos de lo que deberían. Los estudiantes tienden a tomar notas de manera literal, sin elaborar demasiado sobre el nuevo material que reciben.

16. ESCUCHA PODCAST

¿Qué es un Podcast y para qué sirve?
Los podcasts son un formato de distribución de ficheros multimedia vía web y con un sistema de feeds RSS, el mismo que se usa para seguir, por ejemplo, blogs vía un lector de feeds como Feedly, por ejemplo.

El término de podcast fue acuñado en el 2004 y nace de la unión de las palabras iPod (el reproductor de música de Apple) y broadcasting (radiodifusión en inglés).

Aunque existen también podcasts de vídeo, al hablar de podcast nos solemos referir a programas de audio, similares a un canal de YouTube, que publican de forma periódica nuevos episodios (típicamente de 30-60 minutos cada uno).

Al usar los podcasts también feeds RSS, el oyente podrá recibir automáticamente las nuevas publicaciones a través de un reproductor de podcasts con el que se suscribe a estos feeds.
Cómo funcionan los podcasts

Las grandes ventajas que les diferencian frente a medios de difusión audio más tradicionales como, por ejemplo, la radio, son, sobre todo, tres:

La posibilidad de suscribirse con un lector de podcasts a un programa de podcast y recibir así actualizaciones automáticas vía RSS.
Al no ser una emisión en vivo, puedes escucharlos cuando quieras.

La posibilidad de poder descargarse los audios automáticamente, lo que permite escucharlos offline, una vez descargados.

¿Por qué están triunfando los podcasts?
Estas tres ventajas ya son, por sí solas, argumentos de peso para interesarse por los podcasts. Sin embargo, los primeros años no tuvieron un éxito contundente; fueron más bien un formato «segundón» frente al texto y el vídeo.

El boom de los podcasts vino realmente en la medida que se implantaron los smartphones.

¿Cuáles son las plataformas de Podcast más importantes?
Esto es así porque los podcasts se suelen alojar en plataformas, de forma similar a como ocurre con el vídeo: todo el mundo está en YouTube, muchos también en Vimeo y relativamente pocos también en otras o solo en otras.

En el caso del podcast, iTunes (exige instalarse la aplicación de iTunes) sería la homóloga de YouTube.

En su momento fue un cuasi-monopolio (un 96,5% del mercado en el 2007) como lo es ahora YouTube, pero plataformas como SoundCloud, Spotify e iVoox están ganando cada vez más terreno. No obstante, iTunes sigue siendo el líder claro con un 55% de cuota de mercado (dato del 2017).

A diferencia de YouTube (donde mucha gente sólo está en YouTube), en los podcasts lo normal es estar también en SoundCloud e iVoox (en España). El resto de plataformas ya son mucho más marginales, pero en iTunes, SoundCloud e iVoox vas a encontrar normalmente a la mayoría.

17. AHORRA DINERO

A veces, lo más difícil de ahorrar dinero es empezar a hacerlo. Esta guía sobre cómo ahorrar dinero puede ayudarle paso a paso a desarrollar una estrategia sencilla y realista para que pueda ahorrar para todas sus metas de ahorros a corto y largo plazo.

Ante todo, enfócate en alcanzar Objetivos de Ahorro Sencillos y a corto plazo.

Existen muchas formas de ahorrar dinero, pero si nunca antes lo has hecho o si en este momento te encuentras en una situación financiera apretada, te aconsejo que en lugar de ponerte una meta de ahorro a largo plazo (una que tu mente puede llegar a sentir como algo difícil de lograr y por consiguiente vas a dejarla de lado), empieces con retos de ahorro fáciles de cumplir.

APLICA LA REGLA DE LOS 30 DÍAS

Si tienes en mente alguna compra importante y tu meta es ahorrar dinero, sería muy inteligente de tu parte considerar darte 30 días de reflexión. Mientras tanto, averigua alternativas, compara precios y sobre todo, pregúntate si realmente esa compra es necesaria y cómo podrías ahorrar dinero si realmente debes hacerla.

Si al final de los 30 días te has convencido de que eso es lo que en verdad necesitas, entonces cómpralo.

PRACTICA LA REGLA DE LAS 24 HORAS
Si crees que la compra es urgente y no tienes 30 días para pensarlo y al menos aplica esta otra regla.

Personalmente, yo era una compradora compulsiva y esta es una de las técnicas que más me ha servido para ahorrar dinero desde que empecé a vivir viajando y opté por un estilo de vida minimalista.

Básicamente consiste en pensar bien (en este caso al menos durante 24 horas), antes de realizar cualquier tipo de compra.

Aumenta tus Ingresos. ¡ESTO ES ESENCIAL!
¡Ahhhh….sí claro, como si fuera tan fácil..!! Es algo que seguramente me dirás; pero te juro que, si dejas de pensar y en lugar de ello te decides a tomar acción, el multiplicar tus ingresos es más fácil de lograr de lo que crees.

Y es que, aunque es cierto que disminuir nuestros gastos es una parte de la ecuación sobre cómo ahorrar dinero de forma rápida y fácil, te aseguro que, para llegar a la meta de lograr mi independencia financiera, la parte de aumentar mis ingresos ha sido la más importante.

Por experiencia puedo decirte que la forma más radical y rápida de lograrlo, es iniciando un negocio propio. Hay decenas de ideas de negocios y trabajos desde casa que, además de que pueden hacerse con una inversión menor a $100 dólares, también puedes empezarlos hoy mismo.

En mi caso personal, gracias a mis diferentes páginas webs hoy tengo varios negocios rentables, por los que he podido multiplicar mis ingresos al punto de conseguir generar mi antiguo salario de 1 año, en 1 sólo mes, mientras trabajo desde la comodidad de mi casa o desde cualquier parte del mundo.

Date un Gusto y úsalo como una Oportunidad para Ahorrar Dinero
Aquí la idea es que, por cada dólar que gastes, ahorres otro.

Por ejemplo, si te compras un combo de McDonald's que cuesta $8 dólares (en lugar de llevar tu almuerzo hecho en casa, que te costaría mucho menos), entonces también debes ahorrar $8 dólares.

Si tu meta es ahorrar dinero, piénsalo de esta forma: si no puedes permitirte ahorrar esa cantidad de dinero, tampoco deberías permitirte gastarlo.

Congela tu Crédito
Si tienes problemas para controlar el uso de tu tarjeta de crédito, pero no quieres deshacerte de ella, sería

bueno que consideres llamar al banco y solicitar que te congelen la línea de crédito hasta nuevo aviso.

Esta técnica puede ayudarte a ahorrar dinero, cuando no eres muy bueno resistiéndote a las tentaciones.

Crea un límite para regalos
Si quieres ahorrar dinero pero eres como yo y te encanta dar regalos, hazte un favor y crea un límite en tu presupuesto, para todos los regalos que pienses vas a dar en los próximos 12 meses.

Utiliza tus tarjetas de Crédito y ahorra Dinero
Pero, ¡recuerda pagarlas por completo cada mes!

Sí, así como lo lees: al utilizar mis tarjetas de crédito para pagar la mayoría de mis gastos (el 90% o más), logro ganar muchísimas millas de avión y hoteles (que me permiten ahorrar dinero en viajes) y también cash-back.

Básicamente, me he convertido en el peor cliente de un banco: me regalan dinero por el uso de mis tarjetas, y jamás pago intereses.

Calcula el Dinero que Gastas por Horas Trabajadas
En el caso que ganes $5 dólares la hora y desees comprarte un vestido de $50 dólares, significa que el vestido te estará costando 10 horas de trabajo.

¿Estás dispuesto a trabajar 10 horas por un vestido, o piensas que hay mejores cosas en las cuales podrías invertir tu tiempo de trabajo?

¿Quieres ganar dinero desde Casa?

En este curso gratuito (valorado en cientos de dólares), te enseñaré a definir una idea de negocio, elegir el nombre de tu proyecto y a crear una página web profesional como esta, en tan solo 1 hora.

Planifica tus gastos Conocidos con Anticipación

Si haces esto, te dará tiempo para ahorrar el dinero que necesitas durante los meses anteriores al momento de comprar, por ejemplo, un nuevo celular e irte de vacaciones o comprar el regalo para la boda de tu mejor amigo.

Comienza a ahorrar para la Universidad desde que el Bebé sale del Hospital

Nunca es muy temprano para crearle una cuenta de ahorros a tu hijo, nieto, o sobrino y empezar a ahorrar dinero para su educación, y esto es algo que me planteo con cada nacimiento de mi familia.

Generalmente, considero la opción de comprar los regalos de cumpleaños o Navidad mucho más modestos y en cambio, agrego el excedente de mi presupuesto de regalos a una cuenta de ahorros destinada para la educación de mis sobrinos.

Ahorra eliminando la televisión por cable

Con tantas alternativas que existen hoy en día (tales como Netflix, Youtube, etc.), ¿realmente piensas que es necesario que pagues, por ejemplo, los paquetes de triple play?

Llama a tu compañía de cable y averigua si económicamente es mejor tener sólo el paquete de internet.

51

Dentro de los consejos que siempre doy a mis familiares y amigos para ahorrar dinero, el eliminar gastos innecesarios es el principal de ellos.

Múdate a un lugar cercano a tu trabajo y ahorra cientos cada mes

Esto no siempre es posible, pero si aún no tienes casa propia, vives arrendado y trabajas en una empresa en la que hay muchas posibilidades de que permanezcas por al menos un año más, sería bueno que evalúes mudarte cerca de la compañía donde trabajas, ya que podrías ahorrarte cientos de dólares en transporte y tiempo.

Es que a ver, ¿has calculado cuánto te cuesta vivir lejos de tu trabajo? Además del tiempo que pierdes en trasladarte, suma los gastos de gasolina o transporte, etc.

Que vivas cerca de tu trabajo tiene el beneficio de poder pasar menos tiempo en el tráfico y usar menos el carro, lo que se traduce en un doble ahorro. Además, si puedes ir caminando o en bicicleta, maximizas aún más las ventajas y agregas beneficios a tu salud.

Considera usar transporte público

Estamos de acuerdo en que usar tu carro puede ser más "cómodo", pero también es un gasto enorme y por lo tanto, un lujo.

Evalúa cuánto gastas realmente cuando usas tu auto, teniendo en cuenta que no sólo es la gasolina, sino el desgaste normal de un automóvil. Un cálculo rápido puede ser $0.34 centavos de dólar por kilómetro recorrido.

Significa que (por poner un ejemplo), si diariamente recorres 20 kms. para ir y venir de tu trabajo, el costo de transporte será de $6.80 dólares diarios, sin siquiera incluir la depreciación de tu vehículo.

Ahora dime: ¿Cuánto te costaría tomar el bus/metro y cuánto dinero podrías ahorrar si lo haces? Sí, ya lo sé...es increíble, ¿cierto?

No compres ropa barata
Esto lo aprendí luego de decidir que en adelante viviría con menos de 100 cosas, ya que al no tener tanta ropa como antes y verme en la necesidad de lavar las piezas con más frecuencia, he podido notar cómo las piezas de buena calidad me duran muchísimo más (tengo piezas de ropa que tienen algo más de 2 años conmigo y que lavo casi todas las semanas).

Puede parecer loco, pero te aseguro que comprar piezas de ropa de buena calidad, aun siendo estas más costosas, es una muy buena estrategia para ahorrar dinero, con el "plus" de que luces mejor vestido.

Alquila una habitación de tu apartamento o casa
Probablemente el que vivas cerca a tu trabajo podría ser más costoso. En ese caso puedes tratar de disminuir los gastos de arrendamiento o hipoteca, o incluso ganar algún dinerito extra, si alquilas una habitación.

Ahorra dinero preparando tu almuerzo en casa
Si eres de los que siempre va a restaurantes a la hora de almuerzo, evalúa el gasto en el que estás incurriendo. Considera llevar al trabajo tu almuerzo

hecho en casa, ya que te sorprendería lo mucho que puedes ahorrar de forma rápida.

Cancela las suscripciones innecesarias
Estoy segura de que todos tenemos alguna suscripción que usamos poco o nunca.

¿Tienes una suscripción al gimnasio, pero vas una que otra vez al mes? Sería mejor cancelarla y cuando puedas ve a un parque a caminar, correr o a hacer ejercicio. ¿Hace meses estás suscrito a una revista de farándula que casi nunca lees? Entonces cancélala.

Estas recomendaciones de ahorro de dinero pueden parecer irrelevantes, pero te aseguro que a la larga harán una gran diferencia.

Intercambia artículos o haz una venta de patio
Reúne un grupo de personas (ya sea familia, amigos, vecinos o compañeros de trabajo) que estén interesadas en el tema del ahorro y acuerden intercambiar artículos en buen estado.

También puedes organizar una venta de patio para deshacerte de aquellas cosas que ya no utilizas y ahorrar, o utilizar ese dinero para financiar otras que realmente necesitas comprar.

En el caso de intercambio, dependiendo de los artículos que la persona ofrezca, así mismo podrá llevar cosas por un valor parecido. Por ejemplo, si alguien lleva 1 juego de bandejas para servir en buenas condiciones, podría tomar a cambio 1 juego de ollas llevado por otra persona.

Hazle un Downgrade a tu plan de celular y ahorra cientos cada año

¿Realmente necesitas ese plan de datos ilimitados? Actualmente, en la mayoría de lugares públicos tenemos acceso a WiFi gratis, por lo que con un poco de planificación probablemente sólo necesites un plan de 1 o 2 GB.

Haz una lista de mercado antes de salir de casa

Muchas veces vamos al supermercado a buscar solo un par de cosas que nos hacen falta y terminamos comprando mucho más de lo que originalmente necesitamos. Haz una lista antes de salir, y ahorra dinero manteniéndote fiel a ella.

Cada mes, paga sin falta y por completo el saldo de tu tarjeta de crédito

Si tienes saldo en tu tarjeta de crédito, pon esto como prioridad número uno y elimina esa deuda cuanto antes. Los intereses en las tarjetas de crédito son altísimos y se comerán rápidamente cualquier capacidad de ahorro que tengas.

Disminuye radicalmente tus salidas a comer

Comer en casa es mucho más barato, saludable, te ayuda a ahorrar y puede ser divertido. Organiza una comida en casa con familiares o amigos donde cada quien trae algo, y así pasarás un tiempo con la gente que quieres, de manera económica.

Estudia Online

¿Piensas que necesitas una maestría para avanzar profesionalmente? ¿O simplemente quieres capacitarte para hacer mejor tu trabajo actual? Si es así, considera tomar cursos online.

Hoy en día no es necesario que gastemos cientos o hasta miles de dólares para obtener capacitación, ya que plataformas online tales como Coursera o Edx nos permiten tomar cursos gratis.

También podemos obtener certificados de las universidades más prestigiosas del mundo a una fracción del costo, si optamos por estudiar de forma virtual.

Además de aplicar estas ideas para ahorrar más y de forma rápida, recuerda...

Los 2 puntos básicos para el manejo de tus finanzas personales
Empieza a monitorear tus gastos
El primer paso para poder ahorrar dinero, es saber en dónde lo estamos gastando. Puedes utilizar una simple hoja de Excel o alguna de las mil aplicaciones que existen para llevar control de tus gastos.

Yo personalmente uso YNAB, ya que desde allí puedo importar mis extractos bancarios y luego categorizar cada uno de mis gastos.

Para que esta acción sea más productiva trato de pagar la menor cantidad de gastos en efectivo, puesto que muchas veces se nos olvida en qué gastamos nuestro dinero cuando pagamos cash y es más difícil llevar un registro.

Hazlo por un par de meses seguidos y podrás ver a dónde se está yendo tu dinero.

Crea un Presupuesto

Una vez tengas idea de a dónde se va tu dinero, el siguiente paso es hacer un presupuesto. Ten en cuenta que debes incluir los gastos irregulares, como una ida al cine, unas vacaciones etc.

Asegúrate de crear una categoría para ahorros e idealmente deberías presupuestar al menos del 10% al 20% de tu salario allí. Sé que al principio no será fácil, pero a medida que descubras nuevas formas de ahorrar, irás aumentando este porcentaje.

Durante el mes, monitorea frecuentemente tu presupuesto y realiza ajustes según sea necesario. Al final de cada mes haz una evaluación y reasigna prioridades.

¿Y cuándo podemos permitirnos gastar, en lugar de ahorrar?

Tal y como me lo explicó mi asesor financiero, podemos gastar cuando nuestras necesidades básicas estén cubiertas y no tengamos que incurrir en deudas para mantener nuestro estilo de vida actual.

Podemos permitirnos gastar cuando contemos con un negocio capaz de generarnos dinero extra, así como con un fondo de emergencia con una suma de al menos 6 meses de nuestro ingreso mensual, y cuando además de todo eso tengamos un fondo seguro de jubilación.

Entonces, ese dinero extra lo podremos destinar para vivir experiencias que sean memorables, dependiendo de cada quién. De esas que permanecen con nosotros para el resto de nuestras vidas, como por ejemplo....viajar.

18. LEE LIBROS

Es posible que la lectura no sea un hábito fácil de cultivar, pero es uno indispensable para hacer crecer tu negocio.

Cuando empecé a leer de verdad me tardaba mucho y no aprovechaba bien mis libros. Terminaba uno o dos obras por mes, pero no recordaba bien lo que había "aprendido".

Mi bajo nivel de lectura de comprensión y mi poca velocidad me frustraban terriblemente.

Un día estaba batallando con un capítulo y me molesté tanto conmigo mismo que decidí averiguar cómo podría leer más libros, aprovechándolos al máximo, en el menor tiempo posible.

Con estos cinco tips que descubrí pasé a leer 10 libros al mes, más o menos un libro nuevo cada tres días.

1. Aprende a leer con velocidad
Participa a un curso o compra un libro sobre cómo leer rápidamente. Hay varias fuentes en internet que te pueden ayudar, pero mi obra favorita sobre el tema es Breakthrough Rapid Reading, de Peter Kump.

Uso mi mano para guiarme en las páginas. Este método me permite disminuir mi subvocalización (leer en "voz alta" en tu mente). También empujo a mis ojos a leer

más rápido a través de un escaneo visual. En lugar de leer 200 palabras por minuto, ahora puedo captar unas mil. Dicen que Josef Stalin leía cerca de 400 páginas por día y que John F. Kennedy alcanzaba las 1,200 palabras por minuto.

2. No leas de portada a contraportada

Uno de los grandes mitos de la lectura es que tienes que leer absolutamente todo lo que viene dentro de un libro. Si haces esto, inviertes demasiado tiempo en contenido trivial.

Los libros promedio ofrecen una o dos ideas principales, los mejores libros ofrecen entre dos y tres, mientas que los grandes libros entregan entre tres y cinco ideas. La mayoría de los libros son bastante promedio.

Un buen autor podría resumir sus ideas en 20 páginas, pero eso no vende, por lo que generalmente se agregan 200 páginas extra.

No me malinterpreten, no todos los buenos autores llenan sus libros de paja. Pero, ¿cuántos libros te has encontrado que merezcan ser leído "de cabo a rabo" una y otra vez?

Sin embargo, asumiendo que la mayoría de los libros son promedio – que lo son- , ¿crees que tiene sentido leerlos de principio a fin? ¡Claro que no! Al contrario, puedes hojearlos por unos cinco minutos para captar la idea principal. Luego puedes utilizar el índice para entender cómo están acomodados los contenidos en el libro.

Anota las páginas que quieras revisar después, siempre y cuando sean libros de tu propiedad. Después, podrás leer con más profundidad por 30 minutos en tu segunda lectura para revisar las mejores partes del libro. Finalmente, si el libro merece la pena, dale una tercera revisión. Si el contenido realmente te gustó, podrás recordar el material por un buen rato.

¡Imagina eso! Habrás leído un libro en menos de tres horas.

La clave aquí es que es más importante obtener la mejor información de 10 libros en el mismo tiempo que de uno solo. En un año entero puedes leer 120 libros.

3. Fija límites de tiempo
Fijar horarios y límites de lectura puede ayudarte a enfocarte. Date cuatro horas sin distracciones para leer de 200 a 300 páginas.

La clave aquí es saber qué quieres obtener de cada libro que leas. Si te obligas a sacar el máximo partido de un libro en cuatro horas, te garantizo que serás capaz de hacerlo. Sin embargo, si te das un mes y no mantienes un buen esquema de disciplina, no podrás mantener tu atención.

Muchas personas pierden el tiempo investigando mientras leen. Si te dedicas a descubrir qué significa una palabra mientras lees, tu atención se verá fragmentada y te tomará más tiempo acabar el libro. Si hay una parte que no entiendas, anótala para revisarla después.

4. Lee primero los libros "fáciles"

Este ejercicio te ayudará a generar más confianza. No podrás generar buena velocidad de lectura si empiezas a practicar con un texto académico de más de mil páginas. Empieza con textos más cortos de 100 a 150 páginas. Trata de leer uno o dos a la semana y comprométete a ir aumentando la cantidad gradualmente.

Algunos libros son más complicados de digerir (las autobiografías y los temas esotéricos son así). Es mejor no empezar por estos textos. Empieza en pequeño y luego ve aumentando.

5. Sólo lee los mejores libros
Antes de dedicarle tiempo a un libro, asegúrate de que vale la pena. Evidentemente, elegiste el texto porque creíste que podría ayudarte en algún problema. En los primeros 10 minutos de lectura podrás identificar si el libro es lo que necesitas.

Puedes hacer un sistema de calificación del 1 al 10, siendo "1" la calificación más baja y "10" la mejor destinada solo para las grandes obras. Como buen emprendedor tiene poco tiempo libre y no lo puedes desperdiciar en libros que no sean un "10".

Esto también significa que debes organizar tus libros. Junta entre 10 y 20 libros al mes y elige los que vas a "sacar" de la pila para leer. Trata de mantener siempre tu cúmulo en esta cifra y agrega libros nuevos cuando vayas terminando de leer.

La lectura de libros conduce a magníficas experiencias. Disfruta de las historias, el lenguaje, chistes y preceptos expuestos por tus predecesores. Llénate de conocimiento útil y sabiduría.

19. APRENDE COSAS EN LÍNEA

Absolutamente todos los cerebros funcionan diferente ¿cómo aprende el tuyo?. Aprender en línea es aprender a identificar tus fortalezas cognitivas para mejorar tu rendimiento académico. Descubrirás tu estilo de aprendizaje y pondrás en práctica técnicas para estimular tu inteligencia, atención y memoria.

La formación online ha ido ganando terreno en la última década de una manera considerable, ya que para muchos individuos resulta de utilidad la formación a distancia debido a sus múltiples ventajas. Diferentes centros privados, instituciones públicas o universidades se han sumado a este tipo de formación, conscientes de que este modelo de enseñanza despierta un gran interés entre el alumnado y aporta valor añadido respecto a la formación tradicional.

La falta de tiempo para asistir a clases presenciales o la imposibilidad de combinar los estudios con el horario laboral puede suponer una barrera para seguir formándose, Sin embargo, la enseñanza a distancia puede ayudar a superar este "handicap", posibilitando una nueva realidad para muchos estudiantes.

Ventajas e inconvenientes de la educación a distancia
Pero, ¿qué pros y contras presenta la formación a distancia? ¿Por qué debemos elegir o no este modelo formativo sobre la enseñanza tradicional? A continuación, te lo explicamos.

Puntos positivos de la enseñanza en línea
Empecemos con los puntos fuertes de la educación online.

1. Flexibilidad horaria

A pesar de que algunos estudiantes online deban conectarse a sus ordenadores o tabletas a horas concretas para comunicarse con el tutor, realizar evaluaciones o para poder visualizar videoconferencias, esto no es habitual.

Los estudiantes online suelen poder visualizar el material del curso durante las 24 horas del día. La formación online ofrece una oportunidad excelente para estudiar a cualquier hora del día, incluso en horarios poco convencionales (por ejemplo, de madrugada).

2. Facilidad de acceso sin desplazamiento

Y es que, sin duda, una de las opciones por las que decantarse por la formación online tiene que ver con no tener que asistir a los centros de estudios y poder realizar el trabajo desde casa. Por tanto, supone un ahorro en transporte y, además, es ideal para los días lluviosos y frío en los que no apetece salir de casa.

3. Amplia oferta de estudios

La formación online está al orden del día. Las empresas la utilizan para formar a sus empleados, y muchos estudiantes post universitarios se inscriben a cursos especializados, a postgrados e incluso a másters oficiales. Este tipo de formación es ideal para aquellos que están trabajando y quieren seguir adquiriendo conocimiento en su especialidad.

4. Actualización permanente de contenidos

La formación online permite poder actualizar los contenidos a cualquier hora del día, así como enviar trabajos en cualquier momento. Es una herramienta ideal tanto para estudiantes como para profesores.

5. Autodirección y contacto a tiempo real
Por tanto, es una herramienta que permite la comunicación fluida y que ayuda a estar conectado con el profesorado de manera inmediata. Además, los alumnos pueden decidir qué estudian y cómo estudian, ya que el material queda colgado para revisarlo según las necesidades de cada uno.

6. Suele ser más económico
Puesto que la formación online posibilita la inscripción de más alumnos y no supone un gasto en instalaciones, suele ser más económica que la formación presencial. Si te decantas por la formación online, tu bolsillo lo notará para bien.

7. Es independiente de la localización
Posiblemente la ventaja más importante de la formación online es que facilita el acceso al estudio desde cualquier lugar del mundo. Por ejemplo, un estudiante argentino puede estudiar un postgrado de la Universidad de Barcelona. Algo impensable hace solamente un par de décadas.

Desventajas de la formación en línea
Como todo en esta vida, la educación en línea también tiene cosas menos positivas. ¿Cuáles son?

1. Requiere automotivación y autodisciplina
La formación online tiene muchas ventajas como hemos visto, pero requiere de un alto grado de motivación y

autodisciplina. Para algunos individuos resulte más difícil seguir al pie del cañón a lo largo de todo el curso en esta modalidad. En cambio, otras personas disfrutan de esta modalidad de estudio sin problemas.

2. Puede ser impersonal (interacción social limitada)

El no asistir a clase puede ser una gran ventaja en muchos casos, pero la formación online puede convertirse en impersonal y puede suponer una limitación para la interacción social. En cambio, la formación tradicional posibilita poder interactuar con el profesorado y los compañeros de forma presencial, algo beneficioso en muchos casos.

3. Fallos a nivel técnico

Los avances tecnológicos han ayudado a muchos estudiantes a conectarse desde cualquier lugar: la cafetería, la biblioteca o el tren. Pero, en ocasiones, es posible que los medios tecnológicos puedan fallar dificultando la realización de las tareas. Por ejemplo, al quedarte sin ordenador porque se ha estropeado.

4. Requerimientos tecnológicos

Por tanto, la formación online obliga a tener ordenador, conexión a internet y, en muchos casos, softwares actualizados. Por desgracia, no todos los estudiantes disponen de estos requerimientos, lo que puede ser un problema para su experiencia educativa. Además, esto puede suponer un coste económico adicional en algunas situaciones.

5. Dificultad para realizar prácticas

La formación online puede ser un problema para las tareas prácticas, especialmente para aquellas que requieren un trabajo en grupo. Por ejemplo, si un estudiante estudia un curso de entrenamiento deportivo, es posible que no pueda acceder a poner en práctica sus conocimientos.

6. Dificultades en las evaluaciones
La formación online puede dificultar el control de las evaluaciones por parte del profesorado, por lo que muchos optan por realizar evaluaciones periódicas de manera presencial. Esto es especialmente importante para la educación formal.

7. Estigma social
A pesar de que la enseñanza online ha ganado credibilidad en los últimos años, algunas personas tienden a menospreciar este modelo formativo.

Existe la creencia errónea de que la educación en línea es más fácil que la educación presencial, y algunos empresarios pueden no tomarse en serio este tipo de cursos o diplomas. Ahora bien, cada vez son más los centros educativos (incluso universidades de prestigio) que imparten educación en línea de calidad.

20. ELIGE AMIGOS SABIAMENTE

Las relaciones de amistad son tan necesarias en nuestra vida que hasta cuentan con frases como "los amigos son la familia que nosotros elegimos", ello porque significan un pilar importante en nuestro desarrollo social.

La amistad es fundamental para compartir experiencias, aprendizajes, errores e incluso fomentar el cariño y la empatía para con los demás; sin embargo, muchas veces la elección que hacemos de la gente que está cerca de nosotros no es la correcta y nos damos cuenta que hay que depurar nuestro círculo social.

Aquí te explico algunos ejes que debes tomar en cuenta para analizar tus relaciones de amistad:

• **Me respeta:** un verdadero amigo no humilla ni hace sentir menos a los demás. Deshecha a las amistades que se la pasan señalando tus defectos en un afán por hacerte sentir mal.

• **Tienen fuerza de voluntad:** las personas que saben lo que quieren y luchan por ello deben ser bienvenidas en tu vida. Estas personas te motivan a seguir tus creencias.

• **No me juzga:** sentir confianza con las personas es algo que nos llena de tranquilidad. Rodéate de amigos que te escuchen sin juzgarte sin que ello quiera decir que no te señalen las cosas cuando estás mal.

• **Es sincero:** una persona honesta no tiene por qué ser agresiva. Es cierto que a veces la verdad incómoda pero es el tacto y la intención con la que nuestros amigos nos hablan que podemos diferenciar quién lo hace porque nos quiere y quién para agredirnos.

• **Me procura**: no significa que esté todo el día contigo, sino que está pendiente de ti. Aunque vivan lejos o no se vean muy seguido, vale la pena conservar a las amistades que nos preguntan cómo estamos, qué proyectos tenemos y se alegran de escuchar nuestros triunfos.

Conforme van pasando los años, las personas nos volvemos más selectivas con la gente con quienes compartimos nuestra vida. No te sientas mal si debes dejar a un lado a alguien que aprecias, pero no te aporta nada positivo; tienes toda la vida para encontrar a personas mejores.

"Tu grupo de amigos realmente puede influir en las decisiones importantes que tomes en tu vida... Elige a tus amigos sabiamente"

Los amigos están para ayudarnos a crecer y apoyarnos mutuamente, no para hacernos sentir presionados, rechazados, criticados ni para que nos bajen la autoestima. Si después de estar con tu grupo de amigos tienes un sentimiento parecido será mejor que te preguntes: ¿Esta amiga o amigas mías realmente me hacen sentir bien? ¿Me siento aceptada y querida por ellas? ¿Procuran mi bienestar? ¿Si les confío mis cosas, actúan con madurez y me demuestran su cariño? ¿O más bien hablan de mis cosas personales con otra gente y me critican? ¿Me duelen sus burlas?

Los amigos son la familia que puedes escoger... ¡Escógelos sabiamente!

21. MANTENTE EN CONTACTO CON LA FAMILIA

Gran parte de nuestra vida es vivida en el núcleo de nuestras familias. En una nacemos, y probablemente formemos la propia durante nuestra vida. La familia (cualquiera sea su conformación) es la base de la organización de nuestra sociedad. ¿Qué significa esto?

Que influye de manera importante no sólo en las distintas áreas de nuestra vida, sino también en quién somos y quién seremos.

La familia es donde aprendemos a sociabilizar

Tal como se comentó, nacemos y (en la mayoría de los casos) crecemos al interior de una familia. Allí, aprendemos a relacionarnos con otras personas, a cómo resolver los conflictos, a compartir con otros, y por supuesto, las reglas básicas del vivir en sociedad.

Ejemplo: Pensemos en un niño pequeño (Roberto) que ingresa al preescolar a los 3 años de edad. Si bien esta es su primera instancia de educación formal, el pequeño ya sabe muchas cosas del mundo y de cómo relacionarse con otros. Probablemente ya en su familia aprendió como debe dirigirse a otros, conoce ya alguna manera de resolver sus problemas (no necesariamente la óptima, pero conoce alguna), y entiende que existen distintos roles en la sociedad (para un pequeño así, esto sería el distinguir entre sus compañeros y la profesora, entre un familiar y un desconocido).

Estas distinciones que pudieran resultar banales no lo son, por el contrario, son básicas y fundamentales para la vida en sociedad. Es al interior de una familia que aprendemos a ser seres sociales.

La familia nos entrega valores y creencias

Ya que aprendemos a relacionarnos con otros desde nuestra familia, también aprendemos a mirar el mundo y ubicarnos en él. Aprendiendo normas, y formando nuestro sistema de creencias y valores. Es decir, es la primera instancia que nos enseña a creer en algo, y comportarnos valóricamente en el mundo.

Ejemplo: Sigamos con la historia de Roberto. Desde muy pequeño sus padres (o cuidadores) le enseñaron diariamente qué estaba bien y qué mal de acuerdo a esa familia. Así, cuando Javier ingresa a preescolar, ya llega con un bagaje importante, el cual será reforzado y puesto a prueba durante toda su vida.

Cada familia puede tener su propia jerarquía de valores, y es algo que se enseña desde muy temprano y caracteriza a un grupo familiar. Éste está mediado tanto por la cultura de su familia como por los valores de los adultos que la conforman. Es al interior de la familia donde adquirimos los valores y creencias que acompañarán nuestra vida.

En familia aprendemos de nuestro mundo emocional

La primera red de apoyo emocional que tenemos a lo largo de nuestra vida, incluso antes de nuestras amistades, es nuestra familia. Si bien es claro que no todas las familias otorgan la contención necesaria, sí es el primer referente en este sentido. Nuevamente, situándonos en el comienzo de nuestras vidas, es justamente nuestra familia quien nos enseña (o no) a ponerle nombre a lo que sentimos, a lidiar con el fracaso, a desarrollar nuestra autoestima y donde aprendemos cómo reaccionar ante diversas situaciones.

Por otro lado, y como hemos mencionado, es en el núcleo familiar donde más cotidianamente encontraríamos contención y espacio para lo que nos sucede, actuando, así como sistema básico de apoyo a nivel social.

Ejemplo: Roberto aprendió de sus cuidadores (padres, abuelos, u otros) que aquello que le pasaba cuando lloraba en ocasiones era tristeza, en otras enojo, en otras hambre, etc. Fueron ellos quienes al ponerle nombre a lo que le pasaba, le enseñaron que podía sentir diversas cosas y como expresarlas. Además, es capaz de refugiarse en su madre cuando lo necesita, y tranquilizarse con su abrazo. Estas cosas que está aprendiendo ahora, no sólo las replicará con sus hijos, sino que en cada vínculo (amistad, pareja, compañeros) que tenga en su vida.

Si bien no todas las familias tienen la misma capacidad de contención y apoyo, sin lugar a dudas el interior de la familia el lugar donde aprendemos de nuestro mundo emocional.

La familia entrega sentido de pertenencia e identidad

Uno de los grandes atributos que nos entrega nuestra familia es el sentido de pertenencia a algo. Ya sea por su origen físico, cultural o de participación, nos sentimos pertenecientes a algo mayor, lo que nos entrega identidad desde muy temprano. Sin ir más lejos, el apellido que usamos identifica o bien nuestra familia de origen, o nuestra familia actual (dependiendo la cultura). Este sentido de pertenencia del que hablamos, juega un papel fundamental a lo largo de nuestra vida (de manera especial en la adolescencia) constituyéndonos como seres únicos y diferenciados.

Consideraciones

Es importante considerar que cuando hablamos de los atributos que nos entrega nuestra familia a lo largo de nuestra vida, no estamos hablando que necesariamente serán los mejores existentes—sino todas las familias serían iguales—, sino que nos entregan la forma particular que tiene esa familia de ver y hacer las cosas en el mundo. Así, cada individuo tiene sus propias características y forma única, que si bien fueron moldeadas por sus propias experiencias de vida, su familia influyó muchísimo.

Es importante destacar que estas funciones que ejerce la familia no se realizan sólo en la infancia, sino a lo largo de toda nuestra vida. En este artículo se ejemplificó el origen de estas influencias, y recalcar que en cada aspecto de nuestras vidas, nuestra familia tiene un lugar protagónico y definitorio.

22. DESHAZTE DE AMIGOS TÓXICOS

¿Cuántas veces lo hemos oído o leído? ¨Libérate de personas tóxicas, añade o mantén en tu vida solo a la gente que te aporte cosas positivas y libérate de las que hacen tu mundo más gris¨. Quizá para empezar a hacerlo deberíamos tener claro: ¿Cómo son las personas tóxicas? ¿Cuándo mi relación con el otro se ha convertido en algo tóxico que solo me/nos perjudica?

Confucio decía que "si uno se topa con gente buena, debe tratar de imitarla, y si uno se topa con gente mala, debe examinarse a sí mismo". Y caracteriza a la gente "tóxica" "por su falta absoluta de empatía con el otro".

Hablar de personas tóxicas es hablar entre otros de egocentrismo, visión pesimista continua, falta de empatía y manipulación.

Tengo ansiedad ¿Cómo me doy cuenta de que estoy ante personas tóxicas? ¿Cómo debo actuar?

Egocentrismo: Hay personas que no son capaces de ver más allá de sí mismos. Puedes ser tú quien esté viviendo un problema, pero para esa persona su mundo y las consecuencias que le trae tu problema será mucho más importante que lo que tu estés sufriendo. Además, recalcará en las conversaciones como está él y su mundo, pasando tú siempre a un segundo plano. Tener un problema de ansiedad no significa que deba convertirse en el núcleo de vuestras vidas (probablemente esto sea peor) pero es importante que encuentres tu espacio y tu tiempo para poder desahogarte y comunicar tu situación. Estás en tu derecho absoluto de hablar de tus emociones, ya sean buenas o malas y de ser escuchado y comprendido.

Visión pesimista: Es probable que durante todo este proceso te encuentres con personas que te digan "¿Pero todavía te siguen dando ataques de ansiedad? ¿Todavía no puedes coger trenes?" Supongo que no son conscientes del daño que causan expresiones de este tipo cuando alguien se encuentra en un proceso de lucha y superación diaria. No le des más importancia de la cuenta a estos mensajes, tú sabes que tu batalla es lenta y estás luchándola. Nadie mejor que tu sabe tu proceso. Si ya has explicado lo que estás viviendo y aun así recibes este tipo de mensajes, hay un problema, pero esta vez no es tuyo.

Falta de empatía: Es cierto que para el que desconoce lo que estás padeciendo puede resultar raro e incluso incomprensible todos esos síntomas que emergen en ti, y también todos los pensamientos catastrofistas que te persiguen. No necesitamos que tengan un Máster en conocimientos sobre la Ansiedad, pero algo está claro, tú estás sufriendo, y los que están contigo deberían comprenderlo. Tú no eres culpable de lo que te está ocurriendo, y un clima de respeto y entendimiento facilitará el camino.

Manipulación: "Rafa le dijo a María que desde que tenía ansiedad era más paranoica de lo normal y veía cosas donde no las había". Resulta que, si las había, y que Rafa utilizaba la ansiedad como comodín de la mentira para manipular la situación a su antojo. "Rafa le dijo a María que tampoco estaba tan mal, a fin de cuentas, ahora estaba más en casa y era una mejor mujer " Rafa manipulaba la situación a su favor. Tienes un problema de ansiedad, y es posible que te sientas más vulnerable que nunca, pero tu criterio está intacto. No permitas que te anulen como persona. La persona que tienes al lado debe impulsarte siempre a querer mejorar y no utilizará nunca tu ansiedad como medio de obtención de beneficio propio.

"Y es que a veces las batallas más grandes que nos tocan en la vida son con nosotros mismos así que, intento cada día estar en paz y hacerme entender que la guerra no es conmigo, no es con nadie. Que mientras yo esté de mi lado y no me abandone nada puede salir mal y si sale no me volveré a culpar. A veces perdemos y a veces ganamos, pero lo bonito de aprender a querernos finalmente es que siempre estaremos ahí sin importar el resultado. Quiérete y mucho." (Arte y musa)

Hablando de personas tóxicas hablaría también de la dependencia, porque si alguien que recibe negatividad fruto de una relación que debería generar todo lo contrario no es capaz de verlo, romperlo y alejarse, probablemente es que haya una dependencia emocional más grande de lo que nos pensamos.

Las relaciones emocionalmente dependientes se caracterizan por ser inestables, destructivas y marcadas por un fuerte desequilibrio donde el dependiente se somete, idealiza y magnifica al otro.

Para el dependiente esta situación afecta de forma negativa a su autoestima y a su salud física y/o mental. Pese al malestar y el sufrimiento que la relación les cause se sienten incapaces de dejarles, siendo los intentos nulos.

Es común que las personas con Trastornos de Ansiedad creen relaciones de dependencia absoluta con los que consideran "sus personas seguras" aquellas con las que son capaces de hacer exposiciones, aquellas con las que "menos mal que estás tú, porque yo sin ti no puedo" y la probabilidad de que estas relaciones acaben siendo tóxicas también existe. En ocasiones, el que padece, ha interiorizado tanto su rol de víctima, que le es difícil concebir el mundo sin que su cuidador esté constantemente pendiente de su existencia, así como el cuidador ha podido interiorizar tanto su papel de salvador que no concibe el mundo sin que su atendido le necesite constantemente, y si éste deja de hacerlo algún día supondrá un conflicto.

Todos necesitamos ayuda externa ante los problemas que nos encontramos en la vida, pero no debemos perder de vista, que los verdaderos responsables y protagonistas de nuestra vida somos nosotros.

Todos nos encontramos en el papel de ayudante en algún momento de nuestras vidas, ayudar sin crear dependencia, es enseñar que "tú sin mí también puedes".

"Quiero preferirte, pero no necesitarte, porque si te necesitase estaría sometiéndote a mis carencias y responsabilizándote de mi felicidad y eso no es justo para nadie, porque solo a mi pertenecen mis conflictos. Puedo vivir sin ti, pero prefiero vivir contigo. ¨

23. MIRA PROGRAMAS EDUCATIVOS

Por lo general, un programa educativo incluye el detalle de los contenidos temáticos, se explican cuáles son los objetivos de aprendizaje, se menciona la metodología de enseñanza y los modos de evaluación y se aclara la bibliografía que se utilizará durante el curso.

Otra manera de entender el concepto de programa educativo es asociándolo a un software que sirve para enseñar algo. En este caso, se trata de un programa informático interactivo con fines didácticos.

Un programa educativo también ser un programa de televisión que, al igual que el software, busca enseñar conocimientos de manera didáctica para que el televidente pueda asimilarlos y aprender.

A lo largo de la historia de la televisión han existido numerosos programas educativos que han pretendido servir a los espectadores para que aprendieran todo tipo de conocimientos. En concreto, entre los más importantes o alabados se encuentran estos:

-"El conciertazo". Entre los años 2000 y 2009, se emitió en España este espacio que lo que pretendió fue acercar la música clásica a los más pequeños. Para ello, con la colaboración de la Orquesta Filarmonía, se mostraban a los niños algunas de las piezas más importantes de este tipo de música mediante juegos y actividades de lo más divertidas.

-"Érase una vez...el hombre". En la década de los años 80 y 90 fue cuando se popularizó esta serie francesa de dibujos animados, que enseñó a los niños no sólo cómo fue el origen del hombre sino también algunos de los hechos históricos más relevantes. El hombre de Neanderthal, Marco Polo, la guerra de los cien años, el rey Sol o la Revolución Francesa son algunos de los protagonistas de esta producción, realizada por Albert Barillé. Es importante saber que existieron otras muchas versiones de la misma, para acercar todo tipo de conocimientos a los más pequeños: "Érase una vez...la ciencia", "Érase una vez...el espacio", "Érase una vez...las Américas".

Un ejemplo de programa educativo puede ser un ciclo televisivo que enseñe a hablar inglés. En los diversos programas, un docente explica cuestiones vinculadas a la pronunciación, la conjugación de los verbos y otros detalles.

24. COMIENZA TU NEGOCIO

Si estás en la Universidad en lo único que piensas cuando seas profesional es conseguir un puesto en una buena empresa, trabajar por muchos años, ahorrar y finalmente generar una estabilidad económica para poder vivir. Lo del negocio propio puede venir muchos años después.

En mi caso no fue así, pensaba: "¿por qué esperar hasta los 40 o 50 años para tener independencia?" Hoy a mis 27 años soy una profesional en Negocios Internacionales y Empresaria Independiente de

YANBAL. Te comparto algunos tips que quizás te ayuden a poder hacerlo como yo:

1. Debes identificar cuál es tu talento y saber si eso te ayudará a generar dinero. En mi caso en trabajé en el Área de Responsabilidad Social y me di cuenta de que el ayudar y servir a las personas me hacía sentir muy feliz así que decidí hacerlo por medio de una oportunidad como una Empresa Productiva. Donde por ley de la vida, creces cuando ayudas a crecer.

2. Sé muy disciplinado, no es fácil emprender. El hecho de no cumplir un horario no quiere decir que vas a dormir hasta tarde o vas a destinar tú día a día para hacer las vueltas personales de tu familia. Colócate un horario de trabajo y adecua un espacio agradable en tu casa para TU OFICINA.

3. Suma a tu equipo de emprendimiento personas que sueñen como tú. Gente que se esfuerce, innove y salga de su zona de confort pero que a la vez puedas ofrecerles calidad de vida como la que tú tienes.

4. Organiza tu día. El tener un negocio propio no puede hacer que descuides lo esencial. Hacer ejercicio, alimentarte bien, sacar a pasear a tu perro o jugar con él, compartir con tus seres queridos viendo algún programa de TV o alguna serie de NETFLIX. Siempre piensa en que esto es calidad de vida.

5. Enfócate. Lo más importante es que no pierdas el foco de lo que quieres, piensa en grande, cree en tu idea o negocio y todos sus beneficios. Como yo, en mi caso, pensando que en 10 años ya voy a estar andando en mi segunda o quizás tercera camioneta de la

Empresa, ya habré conocido mínimo 5 países y habré viajado a 10 convenciones nacionales.

Cuando identificas tu talento y lo unes con tu propósito de vida, definitivamente logras disfrutar de tu trabajo, ayudas a otros y CRECES no solo como persona si no como profesional. "Te das cuenta de que estás en el lugar indicado cuando todos los días te levantas apasionado por lo que haces".

25. ENCUENTRA TU MENTOR

Para muchos jóvenes profesionistas, admitir que necesitan un guía es el primer paso para darle a su carrera un buen impulso.

Los datos hablan por sí mismos. Micromentor, una firma que conecta emprendedores con expertos en su industria, encontró que cuando los líderes tienen mentores, aumentan sus ganancias hasta un 83 por ciento.

De hecho, las personas de negocio más exitosas han tenido mentores. Richard Branson, Mark Zuckerberg y Bill Gates son solo algunos de los emprendedores que cosecharon los beneficios de tener un buen consejero.

¿Qué hace que una persona sea buena mentora? Idealmente son personas que ya lograron lo que tú buscas conseguir. También debe ser alguien que te agrade para ir a tomar un café y a quien le tengas confianza porque en algún punto de la vida le harás preguntas complicadas, así que también debe ser alguien capaz de hacerte críticas constructivas. Aquí hay ocho maneras para conectarte con un mentor y llevar tu carrera al siguiente nivel.

1. Empieza con quien conoces

Hacer networking es difícil. Sin embargo, solo te toma 10 minutos al día mejorar tu red de contactos. Empieza evaluando a las personas que conoces: contactos de LinkedIn, teléfono, amigos en Facebook, antiguos jefes de trabajo, cuentas en Twitter. Haz un poco de investigación y ve si entre los contactos que ya tienes puedes tener un posible mentor.

De no ser así, empieza a formar nuevas conexiones a través de asociaciones o cámaras de comercio locales. Identifica a oradores públicos del tema que te interesa cuando vayas a eventos y preséntate.

2. Paga (si es necesario)

Una buena opción es pagar por consulta. Puede que algún consejero por el que pagues hoy se convierta en un amigo a largo plazo que después te ayuden de forma gratuita.

3. Únete a una incubadora

Un servicio por el que no se paga, al menos de manera directa, es una incubadora de negocios. Se trata de organizaciones dedicadas a impulsar el crecimiento de startups. Algunas, como 500 y Y Combinator, están respaldadas por capital de riesgo que tiene la capacidad de invertir. Otras, como CTNext, están apoyadas por los gobiernos locales. De cualquier manera, te darán un "bufé" de mentores, coaches y contactos de negocios, así como acceso a capital semilla y servicios profesionales.

4. Busca un "matchmaker"

Hay servicios en línea que te conectan con mentores a la medida. Funcionan como las páginas de citas en línea ya que pagas para que te contacten con el especialista que mejor se acomode a tus necesidades. El lado negativo de esta herramienta es que no podrás elegir directamente a tu mentor y tendrás que apegarte a una serie de condiciones de servicio.

5. Define cómo sería tu mentor ideal
Una vez que ya tienes algunos candidatos debes seleccionar a aquellos que mejor puedan ayudarte. Aquí van cinco puntos a considerar que me ayudaron a elegir:

-Experiencia: tu mentor debe poseer un buen récord en tu área y tener las habilidades que buscas.

-Comunicación: solo porque una persona sea exitosa, no significa que tenga las habilidades para ayudarte a seguir tu camino. Necesitas un mentor que te escuche y entienda las dificultades que atraviesas.

-Compenetración: tu mentor no tiene que ser tu persona favorita, pero sí tiene que ser alguien a quien respetes. No temas acercarte a las personas mayores. Los mentores en el ocaso de sus carreras entienden muy bien todo el esfuerzo que se necesita para triunfar y usualmente tienen ganas de seguir presentes ayudando a las nuevas generaciones de emprendedores.

-Amor duro: lo último que necesitas es un mentor que te dé por tu lado Un buen guía sabrá cuándo hablar directa y fuertemente contigo cuando lo necesites.

-Conexiones: no debes esperar que tu mentor te dé todos sus contactos profesionales, pero es posible que tu relación con este guía te ayude a abrirte puertas que impulsen tu negocio.

6. Convence al mentor

La mentoría no se trata solo de ti. Es importante que el experto que te apoye también reciba algo positivo de la experiencia. Demuéstrales porqué deben guiarte, ya sea porque ayudará a su propia carrera o hará crecer su negocio.

7. Asegúrate de ser el mejor aprendiz

No hay nada que destruya una relación de mentoría más rápido que un aprendiz que haga perder el tiempo a su guía. Aquí van unos tips para ser el tipo de persona que los expertos busquen apoyar:

-Sé entusiasta al aprender y resiste el reflejo de excusar todas tus acciones.

-Haz las cosas que te aconsejan y dale un seguimiento de tu progreso al mentor. Si decides no seguir su consejo, explícale la razón.

-Mantén el contacto. Recuerda que la pelota siempre está en tu cancha y te toca comunicar cómo va progresando tu trabajo. No esperes que el mentor haga todo el trabajo.

- Sé agradecido. Apoya en lo que puedas a tu mentor, como comentar en sus publicaciones o recomendarlo con nuevos clientes.

8. Aprende cuando decir adiós

En algún momento, tu mentoría tendrá que terminar. Es un proceso natural y es importante saber cuándo hay que despedirse de manera profesional para pasar a la relación personal de amistad.

Con el mentor correcto puedes lograr lo que quieras. Sé proactivo sobre lo que quieres de esa relación y mantén una mente abierta a las críticas.

26. APRENDE UN IDIOMA

Empieza por lo básico y elige el idioma que más te interese. Algunos idiomas interesantes son el francés, el inglés y el italiano.

Usar una combinación de recursos, libros y otros programas es lo óptimo para cubrir todas las bases del aprendizaje de un idioma.

Tan pronto como entiendas lo básico, lo mejor será mirar una película que te guste, y que ya hayas visto, en dicho idioma. Los subtítulos también deberán estar en dicho idioma. Si esto es muy difícil, empieza cambiando alguno de ellos a tu propio idioma.

Si tienes la opción, es muy recomendable que te inscribas en un curso del idioma o que contrates a un tutor privado. Si haces que una persona (en lugar de un programa) te enseñe, esto es útil porque podrás hacerle preguntas específicas, y podrá decirte cómo va tu progreso.

Busca canciones que te gusten y escúchalas una y otra vez. En cierto punto, entenderás lo que cantas y podrás tratar de entender las entrevistas posteriores.

Visita el país y conversa con las personas locales, como los conductores de taxi o los comerciantes.

También puedes usar una aplicación para aprender idiomas, como "Duolingo", lo cual te ayudará.
Trata de mantenerte relajado cuando aprendas tu nuevo idioma, ya que esto te ayudará a retener lo que aprendas.

Cambia el idioma de tu celular por el que estés tratando de aprender. Puedes hacerlo en los ajustes.

Un buen consejo también es leer mucho sobre el idioma que estés estudiando. Si estás aprendiendo inglés, puede leer sobre Estados Unidos.

27. ESTABLECE OBJETIVOS

1. El objetivo debe ser expresado en positivo
¿Qué es lo que quieres?
¿Qué quieres en lugar de lo que tienes?
¿Qué preferirías tener?

2. El objetivo tiene que ser específico y medible
¿Qué es exactamente lo que verás, oirás o sentirás cuando alcances tu objetivo?
¿Cuánto tiempo necesitarás para alcanzarlo?
¿Cuándo quieres alcanzarlo?

3. Decide cómo y cuándo medirás el avance en el cumplimiento

¿Cómo medirás tu progreso hacia el objetivo?

¿Con cuánta frecuencia medirás tu progreso?

¿Cómo sabrás que has logrado el objetivo?

¿Cómo verificarás que estás en el camino correcto hacia el objetivo?

4. Organiza los recursos que necesitarás durante la travesía hacia el logro del objetivo

¿Qué recursos (objetos, personas, tiempo, modelos, cualidades) vas a necesitar para alcanzar tu objetivo?

¿De cuales dispones ya?

¿Dónde encontrarás los otros?

5. Se proactiva/o

¿Hasta qué punto controlas el cumplimiento de ese objetivo?

¿Qué harás para alcanzarlo?

¿Qué puedes ofrecer a los demás de tal modo que se interesen por ayudarte?

6. Presta atención al impacto de las consecuencias más allá de ti misma/o

¿Cuáles son las consecuencias para otras personas importantes?

¿Puedes mirar su impacto en ellas poniéndote en su lugar?

¿Cuál es el costo en tiempo, dinero y oportunidad?

¿A qué podrías tener que renunciar?

¿Cómo quedará afectado el equilibrio entre los diferentes aspectos de tu vida cuando alcances ese objetivo o durante su consecución?

Elabora un Plan de Acción

Un objetivo, sobre todo si es a largo plazo, puede parecer intimidador. El Plan de Acción fracciona el objetivo en pasos pequeños, cada uno de ellos claramente tangibles, alcanzables. Es el mapa de tu viaje. Tu GPS que te indica claramente tu posición en el viaje.

Como mencionábamos anteriormente, cuando defines los pasos hacia tu objetivo le estás poniendo piernas a tu sueño. Pero para emprender la acción es necesario que te sientas motivada/o.

La motivación es el combustible del éxito. Es por ello que los objetivos tienen que ser difíciles, pero también realistas. Necesitas esforzarte para alcanzarlos, pero también saber que son posibles. Debido a esta condición es que la figura de un Coach, en estos casos, se hace indispensable.

Alguien que guía, acompaña y enseña, y que, si bien no siempre tiene todas las respuestas, al menos conoce todas las preguntas.

28. PLANIFICA TU DÍA Y SEMANA

Falta de tiempo es un problema típico. Todos nosotros queremos acabar con las tareas del día y no solo eso tener más tiempo libre para hacer eso que nos encanta.

Sin embargo, algunos días no hay suficiente café en el mundo para lograr terminar esa larga lista de tareas pendientes.

¿Te suena familiar?

Por eso quiero presentarte tres mejores secretos para gestionar mejor tu tiempo, dejar la pereza y tener tiempo extra (sin motivación requerida).

Lo que pensamos, es de poca importancia. Lo único realmente trascendente es lo que hacemos.
— John Ruskin
Antes de continuar, tengo esta tarea para ti:

7899879473827482370
Honestamente, ¿leíste la numeración completa?

Seguramente no. Al igual que, más de una vez has querido encontrar el botón de encendido para lograr empezar y terminar una tarea.

¿Cuántas veces has usado frases para justificarte como: "falta de motivación" o "falta de fuerza de voluntad"?

La buena noticia es que ni la motivación, ni la fuerza de voluntad son necesarias para lograr tomar acción y planificar tu día correctamente. Porque se trata de establecer hábitos en tu rutina diaria, comencemos:

1) Programa tus actividades por horarios y no por listas de cosas por hacer
Para muchas personas (yo la primera) es más fácil visualizar lo que hay que hacer si se escribe. Y está bien, pero no es suficiente con solo hacer la lista.

Las listas de tareas son sólo el primer paso. Porque la parte más importante es asignarles un tiempo en tu horario. ¿Por qué?

Te hace ser realista sobre lo que puedes hacer. Te permite hacer tareas cuando es eficiente, no sólo porque es el #7.

Hasta que está en tu calendario y se asigna una hora, esa lista de cosas por hacer es sólo una lista de buenos deseos.

Piensa cuando ibas en el colegio, tus clases y actividades estaban por horarios y no por listas. Era una forma de asegurar que se hiciera todo lo planeado.

Si lo analizas, esto tiene una gran ventaja: colocas el trabajo en donde mejor puede realizarse.
Tal vez estés pensando:
Pero Tania, hay cosas urgentes que cambian el plan de último minuto

Te entiendo.

Construir tu horario no tiene que ser perfecto. Algunas cosas cambiaran. De todos modos, es necesario tener un plan, de lo contrario perderás más tiempo.

Para planear correctamente es necesario que contemples esas cosas 'urgentes' que sabes pueden surgir de repente. Como: una llamada importante, una junta, distracciones, etc.

Si una actividad sin distracciones y sin cosas urgentes te toma 30 minutos. Entonces dale un espacio de 45 o 50 minutos por si algo ocurriera de improviso.

Construir tu horario te ayuda a enfrentar la realidad y saber cuánto tiempo tienes disponible para hacer una determinada actividad.

De tal forma que cuando se termine, sabes exactamente que sigue sin tener que pensarlo mucho.

OK. Pero, ¿Cómo puedo construir mi horario?

Esa pregunta nos lleva al siguiente punto.

2) CONSTRUYE TU HORARIO DE ATRÁS HACIA ADELANTE

A veces damos por hecho que el día tiene 24 horas y a partir de que despertamos podemos planear el día.

Es un gran error.

Planear el día de mañana a tarde solo hace que todo se posponga aún más. Porque llega la noche y aún tienes mil cosas por hacer. El estrés y la falta de tiempo no son una buena combinación.

Cuando planeas de atrás para adelante das por hecho la hora en la que terminaras con el trabajo. Dejando tiempo extra para hacer lo que más te gusta.

Suena interesante ¿no?

Supongamos que sales del trabajo a las 5:30 pm. Entonces, a partir de ahí hacia atrás tienes que empezar a programar tus actividades.

Al establecer una fecha límite y trabajar hacia atrás para que todo encaje te da una sensación de tener más control. Y no solo eso, esto lo ayuda a trabajar mejor: porque te obliga a ser eficiente.

Está comprobado que cualquier cosa que aumenta tu percepción de control sobre una situación puede disminuir tu nivel de estrés.

Un estudio reciente comprobó estos resultados mediante un experimento de oficina simulada. Se les pidió a un grupo de participantes que terminaran un número de tareas dadas con un horario ya establecido. Mientras que a un segundo grupo, se les pidió que planearan las tareas con su propio horario.

El segundo grupo obviamente experimento más control sobre el trabajo. Los resultados mostraron que la fatiga mental percibida fue menor en este grupo.

Tiempo-Libre-3.jpg
Para manejar proyectos a largo plazo, necesitas leer el siguiente y último punto.

3) HAZ TU PLAN SEMANALMENTE
Nunca vas a conseguir ganar el juego con sólo mirar hoy y nunca pensar en el mañana. Cierto.

Una buena idea es, hacer un plan semanal.

Durante el trabajo, nuestras tareas son relativamente similares. Así que no será demasiado esfuerzo para ti, planear con antelación y bajo horarios tu semana.

Solo así estarás un paso adelante de los proyectos que tienes que tienen que salir a flote. Sabrás cada día lo que estás haciendo con cada hora. Sabrás cada semana lo que estás haciendo con cada día de la semana y sabrás cada mes lo que estás haciendo con cada semana del mes.

Como sabes este plan será a grandes rasgos y puede verse modificado. Pero tendrás un dibujo general de lo que hay que pintar, sin salirte de la raya.

Esto también aplica para tu tiempo libre. ¿No me crees? …

En un estudio científico se demostró que las personas que planificaban su tiempo libre tenían una mejor percepción de calidad de vida.

Con todo esto, no quiero decir que seas una máquina y todo este por horarios. Pero si es importante tener un plan incluso para tu merecido fin de semana.

Ahora que nos fijamos en la imagen completa, serás capaz de ser más productivo en cada hora que tiene tu jornada laboral y la mejor parte es que estarás haciendo espacio para tu tiempo libre.

TOMA ACCIÓN HOY
Tanto hacer el plan como seguirlo a lo largo de la semana, se trata de un hábito.

Empezar con un hábito puede conllevar un poco de esfuerzo de tu parte. La buena noticia es que esto solo pasa al principio. Una vez que el hábito está incorporado a tu rutina es automático.

Elige un día de la semana para hacer tu plan. Mejor si es el lunes temprano o el domingo por la tarde.

Estos son los pasos a seguir:

Escribe tu lista de tareas y pendientes por hacer. Si es una lista muy grande, divídela en varias listas pequeñas.

Reparte tus tareas a lo largo de los días y establece un horario para cada tarea. Se realista, e incluye dentro del horario esas cosas "urgentes" que puedan surgir.

Contempla tu tiempo libre distribuyendo esas tareas de atrás hacia adelante. Empezando con tu hora de salida hacia tu hora de entrada al trabajo.

Y tú, ¿Cómo planeas tus actividades laborales? ¿Te queda tiempo libre?

Comparte conmigo tu respuesta en los comentarios de aquí abajo.

No olvides suscribirte GRATIS a Habitualmente. Recibe las mejores estrategias para re-diseñar tu rutina diaria de forma saludable.

29. PRACTICA LA MEDITACIÓN

La meditación es el viaje hacia adentro, un viaje de auto descubrimiento, de hecho, de redescubrimiento. Se dedica un tiempo para la reflexión tranquila y el silencio, lejos de la agitación y el trajín de la vida diaria. En nuestro mundo moderno, el ritmo de la vida crece cada vez más y estamos perdiendo contacto con nuestra paz y poder interiores. Cuando ya no nos sentimos anclados, podemos experimentarnos empujados y atraídos en muchas direcciones diferentes. Es en este punto que comenzamos a experimentar el estrés y el sentimiento de estar atrapados. Gradualmente, con el tiempo, este sentimiento lleva a padecimientos y enfermedades, ya que nuestra salud mental, emocional y física pierde el equilibrio.

1. Ponte ropa cómoda

Lo primero que debes hacer para meditar y estar en el aquí y el ahora es llevar ropa cómoda. Quitarse los zapatos y elegir una prenda de vestir ancha es la mejor alternativa para sentirte listo para meditar. Olvídate de prendas ajustadas y quítate el reloj u otros complementos que puedan ser molestos.

2. Busca un lugar tranquilo

Es necesario encontrar un lugar que te permita estar relajado y sin interrupciones ni interferencias. Puede ser la habitación de tu casa, la orilla del mar o tu jardín... Cualquier lugar es bueno si te permite estar cómodo y centrado, totalmente inmerso en la actividad que vas a iniciar.

3. Siéntate de manera correcta

Para meditar debes sentarte de manera correcta, es decir, en el suelo con la espalda recta, pero sin tensiones, respirando hondo y manteniendo los hombros y brazos relajados. Algunas personas prefieren sentarse en una silla o de rodillas en vez de la clásica postura, y también existe la meditación tumbada. Sea cual sea la posición que adoptes, la espalda siempre debe estar recta y el cuerpo, especialmente los hombros y brazos, relajados.

4. Céntrate en un objeto

Céntrate en un objeto o en la respiración (con los ojos cerrados) cuando te inicias en la práctica meditativa. Más adelante, puedes realizar otros tipos de meditación, como el "escáner corporal" o la meditación centrada en los sonidos.

5. Acepta los pensamientos que surgen y sigue adelante

Es habitual que, durante la práctica de la meditación, surjan distintos pensamientos: nuestros problemas personales, la incomodidad del momento o la inseguridad de estar haciendo bien la meditación o no (algo que suele ocurrir cuando nos iniciamos en esta práctica). Pero esto es algo normal y, por tanto, debemos aceptarlo.

La meditación se centra en la idea de que el bienestar psicológico es un estado que asciende de la aceptación de los pensamientos, emociones y sensaciones corporales sin intentar eliminarlos ni modificarlos, simplemente hay que observarlos de manera no enjuiciadora. Por tanto, cuando aparezcan estos pensamientos, simplemente hay que aceptarlos y después vuelve a centrar la atención en el objeto, la respiración, el sonido o la sensación corporal.

6. Aumenta tu tiempo de meditación de forma progresiva

Cuando te inicias en la meditación, debes empezar poco a poco para luego ir aumentando el tiempo. Es ideal comenzar con la meditación de un minuto, para progresivamente llegar a los 20 o 30 minutos diarios que te ayudarán a mejorar tu bienestar. Échale un vistazo a este vídeo para saber qué es la meditación de un minuto:

7. Añádelo a tu rutina diaria

Tras leer los pasos anteriores, ahora ya estás listo para hacer de la meditación un hábito saludable. Con la práctica te convertirás en un gran meditador, lo que te ayudará a lograr los beneficios de esta milenaria práctica.

30. PRÁCTICA LA GRATITUD

En una serie de frases que pueden ser usadas tanto para reflexionar sobre el agradecimiento como para dar las gracias, y que muestran toda nuestra gratitud hacia esa persona especial. Esperamos que te gusten.

1. Las palabras que busco no existen, pues mi agradecimiento hacia ti no tiene comparación
El agradecimiento, en ocasiones, no puede expresarse en palabras por lo inmenso que es.

2. ¡Venturoso aquél a quien el cielo dio un pedazo de pan, sin que le quede obligación de agradecérselo a otro que al mismo cielo!
La gratitud también debe ser empleada hacia nosotros mismos, ya que nos esforzamos diariamente.

3. La gratitud en silencio no sirve a nadie
La gratitud no puede quedarse dentro de uno mismo, hay que expresarla.

4. Saber y saberlo demostrar es valer dos veces
Cuando agradecemos a esa persona lo que ha hecho, es darle a entender que realmente valió la pena su esfuerzo.

5. La gratitud, como ciertas flores, no se da en la altura y mejor reverdece en la tierra buena de los humildes

Los agradecimientos más sinceros nacen de la propia humildad.

6. Me gustaría agradecértelo de todo corazón, pero para tí, mi querido amigo/a, mi corazón no tiene fondo
Una manera original de dar las gracias.

7. Aprendo cada día que estar contigo es la fortaleza de mi vida, por todo lo que me das, por todo lo que me otorgas, por tu amor incondicional, muchas pero muchas gracias
Una de esas frases de agradecimiento que se basan en lo simple.

8. Por mucho que me esfuerce, no encuentro maneras de agradecerte tus esfuerzos tal y como te lo mereces
Como dice el dicho: "Ser agradecido es de buen nacido".

9. Aunque estés lejos, mi corazón nunca olvidará que somos amigos y que estamos unidos por miles de aventuras y desafíos que supimos vencer juntos. Desde aquí te agradezco por siempre tener una palabra de aliento, por siempre tenderme una mano y por tener una sonrisa para mí cuando estaba triste. Gracias por existir
El agradecimiento hacia esa persona que nos ayudó puede llegar a ser eterno.

10. No existen palabras en el mundo que se acerquen a lo agradecido que estoy
El agradecimiento, en ocasiones, no puede devolverse. No por no querer, sino porque no hay hay nada que se puede hacer para demostrar lo agradecido que se está.

11. Siempre te voy a agradecer el haberme alejado de la soledad, juntos hemos conocido el verdadero amor y solo quiero estar contigo y nadie más
Unas bonitas palabras de gratitud hacia el ser querido.

12. Tu amor cambió mi vida, la cambió para bien. Tu amor me hizo tener esperanzas y ser feliz. Gracias por darme tu amor y por quererme tal y como soy. Te amo mi amor
Una frase de agradecimiento que se une con lo romántico.

13. El que da, no debe volver a acordarse; pero el que recibe nunca debe olvidar
El agradecimiento debe quedar en la memoria por siempre.

14. La amistad, si se alimenta solo de gratitud, equivale a una fotografía que con el tiempo se borra
La amistad verdadera se cimienta en dar y recibir. Pero también en estar agradecido, aunque con esto no basta.

15. Agradecer habla bien del corazón y hace que tu corazón hable
Las personas auténticas demuestran que están agradecidas.

16. El grado en el que te quiero hace justicia a la cantidad de agradecimientos que me gustaría darte
Aunque a veces no manifestemos lo mucho que le agradecemos a esa persona el amor que nos da. Eso no quiere decir que no estemos agradecidos.

17. Es tan grande el placer que se experimenta al encontrar un hombre agradecido que vale la pena arriesgarse a no ser un ingrato
Ser agradecido es una virtud que poseen las grandes personas.

18. El agradecimiento si no se dice no sirve a nadie
De nada sirve pensar en dar las gracias y no decirlo.

19. Ser agradecido te honra
El agradecimiento es casi una necesidad cuando nos han ayudado, y habla bien de nosotros.

20. Ante un amigo no hace falta decir gracias, porque con una mirada te entiendes mejor que con palabras
El agradecimiento no se mide solo con palabras.

21. Si bien los buenos amigos no sobran, la amistad rebosa de gratitud
Los buenos amigos, para serlo, son agradecidos de corazón.

22. Olvida que has dado para recordar lo recibido
No siempre vamos a recibir de los demás, por lo que debemos agradecérselo.

23. No todo el mundo da por alguien, eso no se debe olvidar
Hay que ser conscientes que es un regalo cuando alguien da algo por nosotros.

24. Gracias por estar siempre, sobre todo cuando no te llamo
Los amigos auténticos están ahí sin pedirlo.

25. Vive como si fueras a morir mañana, aprende como si fueras a vivir para siempre

Hay que aprender a ser agradecidos, porque nos honra como personas

26. Uno puede devolver un préstamo de oro, pero está en deuda de por vida con aquellos que son amables

El agradecimiento puede ser tan grande que esa persona pasa a ser la más importante de nuestra vida.

27. Cuando bebas agua, recuerda la fuente

Cuando alguien calme tu sed en algún sentido, no olvides de quién fue.

28. Mientras el río corra, los montes hagan sombra y en el cielo haya estrellas, debe durar la memoria del beneficio recibido en la mente del hombre agradecido

Otra de las frases de agradecimiento basadas en metáforas. Todos esperamos que sean agradecidos con nosotros cuando lo damos todo.

29. La gratitud es la memoria del corazón

Una bonita frase de Lao Tse sobre el agradecimiento.

30. Gracias, amor, porque desde que apareciste mi vida entera ha cambiado. Porque desde el primer momento noté sensaciones extrañas dentro de mí, reconocí las famosas mariposas en el estómago

El amor de pareja debería agradecerse diariamente.

31. Un hombre orgulloso rara vez es agradecido, porque piensa que todo se lo merece

El orgullo no es demasiado compatible con el agradecimiento.

32. El que recibe nunca debe olvidarse de la persona que le ayudó
Si nos dan cuando lo necesitamos, debemos agradecerlo y recordarlo.

33. La amistad es un gran valor y agradecerla demuestra ser un gran amigo
No debemos olvidar que la amistad es un regalo.

34. La gratitud es una flor que brota del alma
Una bonita cita de Henry Ward Beecher que habla de ser agradecido.

35. No puede responder otra cosa que gracias y gracias
Cuando estás muy agradecido, podrías dar las gracias eternamente.

36. Aquellos que son amables con nosotros, se merecen las gracias
Hay que valorar a las personas buenas, especialmente cuando lo son con nosotros.

37. Uno está en deuda para siempre con aquellos que dan la vida por nosotros
Debemos ser agradecidos siempre, especialmente cuando alguien hace un esfuerzo titánico para mejorar nuestro bienestar.

38. Si en la vida tu única oración fuera "gracias", con ella sería suficiente
Es suficiente dar las gracias cuando estás agradecido.

39. En el diccionario no hay palabras para darte las gracias

Estar agradecido no solo es cuestión de decirlo, sino también de hacerlo.

40. La fidelidad es el esfuerzo de un alma noble para igualarse a otra más grande que ella
Una cita de Johann Wolfgang von Goethe que hace referencia a la fidelidad.

41. Cuando la gratitud es tan absoluta las palabras sobran
Cuando demuestras lo agradecido que estás, no hace falta usar palabras.

42. Gracias papá por ser mi héroe y mi ejemplo. Por mostrarme el camino recto que los hombres buenos siguen y por dar todo por mí. Te quiero
Una frase preciosa de agradecimiento para un padre.

43. Agradece a la llama su luz, pero no olvides el pie del candil que paciente la sostiene
A veces no nos damos cuenta de lo que los demás hacen por nosotros. Deberíamos agradecérselo.

44. Mientras tenga amigos como vosotros, estaré agradecido con la vida. Gracias por siempre por estar cuando los necesito y por ser mis ángeles de la guarda
Sentir que tienes amigos es una bonita sensación.

45. La gratitud no es sólo la mayor de las virtudes. Está emparentada con todas las demás
La gratitud tiene relación con las grandes virtudes del ser humano.

46. En mi corazón solo puede haber agradecimiento hacia vosotros porque sois como una familia para mí.

Amigos y hermanos que me acompañan en el camino que elegí para mi vida
Una cita para aquellas grandes personas que son casi como familia.

47. Por un momento sentí que el mundo entero se venía sobre mí y llegaste tú para rescatarme, gracias amor mío por siempre estar en los momentos en los que más te necesito
Una reflexión sobre el amor incondicional de la pareja.

48. Ser ingrato es uno de los grandes males del ser humano
Si ser agradecido es una virtud, no serlo es uno de los grandes defectos de una persona.

49. A veces en la vida encuentras a alguien que cambia tu vida simplemente siendo parte de ti
No siempre hace falta decir que estás agradecido, sino que la amistad verdadera habla por sí sola.

50. Gracias por ser mi apoyo, por siempre estar a mi lado y por ser mi amigo leal. Solo me queda darte las gracias infinitas. Prometo siempre estar cuando me necesites
Una gran cita para aquellas personas que nos han apoyado incondicionalmente

51. Cuando todo falle sé que puedo confiar en ti, mamá. Cuando la vida sea muy dura y me sea difícil continuar sé que tengo en ti un refugio al que puedo regresar. Gracias mamá por ser mi ángel y por darme tu amor infinito
Una bonita frase de agradecimiento para tu madre.

52. Siempre me aconsejaste y me mostraste el mejor camino a seguir. Gracias por ser mi guía. Por detenerme cuando debías y por empujarme cuando tenía miedo de seguir mis sueños
Cuando alguien te enseña el camino si estás confundido, es de agradecer.

53. Mientras el río corra, los montes hagan sombra y en el cielo haya estrellas, debe durar la memoria del beneficio recibido en la mente del hombre agradecido
Uno no puede olvidar lo que alguien hizo por él.

54. No hay mejor regalo que poder verte despertar cada mañana
Hay que estar agradecidos al tener a esa persona junto a nosotros cada mañana. Es lo que nos hace feliz.

55. Aunque no lo diga, mi corazón recuerda cada gesto amable, cada favor y cada sonrisa que alegró mi vida. Gracias a todos los que hacéis de mi vida la mejor, estaré eternamente agradecido
Aunque no se diga cada día, cuando estás con alguien es porque lo deseas y porque le amas.

56. El que da, se olvida: el que recibe, debe recordar
Cuando damos lo hacemos porque queremos, pero cuando recibimos debemos dar las gracias.

57. Muchas gracias por estar ahí incluso sin pedírtelo. ¡Eres increíble!
Unas bonitas palabras de agradecimiento que dicen mucho.

58. Aunque a veces no lo parezca, lo eres todo para mí. Es por eso que decidí compartir mi vida contigo

No siempre se puede estar demostrando el agradecimiento, pero eso no quiere decir que no esté agradecido.

59. Sé que estás en lo bueno y en lo malo. No hay mucha gente como tú. ¡Eres único!
Esas personas que aparecen en tu vida y la cambian por completo se lo merecen todo.

60. Tú eres la vía en el tren de mi vida. ¡Muchas gracias!
Una comparación entre la persona que te guía y las vías del tren.

31. HAZ UN PLAN DE VIDA

Un plan de vida es aquello que nos ayuda a crear todo tipo de proyectos que vertebren nuestro desarrollo personal. A pesar de que en nuestras vidas hay cosas que no controlamos, tener una noción de continuidad es importante para poder experimentar plenamente lo que el mundo nos depara.

Te obsequio varios consejos acerca de cómo crear un plan de vida y de qué manera este puede ser aplicado.

Cómo crear un plan de vida
Puede que resulte extraño, pero muchas veces creemos tener muy claras todas nuestras opiniones acerca de todo tipo de temas, pero no tenemos ni idea acerca de lo que haremos con nuestras propias vidas.

Justamente por eso, desarrollar y aplicar un plan de vida es interesante: nos permite encontrar un proyecto con el que casi siempre nos podemos identificar a pesar de que todo a nuestro alrededor vara cambiando con el tiempo.

Por supuesto, a veces aparecen momentos de crisis en los que un plan de vida deja de tener sentido. Pero estos periodos de incertidumbre no tienen por qué invalidar la idea en sí de tener objetivos y estrategias para acercarnos a ellos; simplemente nos exige crear un nuevo plan de vida. De esto se deriva también que cualquier momento es bueno para empezar uno de ellos, independientemente de la edad que uno tenga.

Así pues, veamos qué pasos hay que dar para crear un plan de vida a la medida de nuestras metas.

1. Analiza tus expectativas de vida
En el primer paso, hay que pararse a pensar en cuál creemos que puede ser un margen de cambio realista acerca de nuestras condiciones de vida. Si nos preocupamos en objetivos que solo podremos alcanzar siendo multimillonarios, por ejemplo, eso solo nos hará caer una y otra vez en la frustración, o bien postergar tanto la persecución de nuestras metas que poco a poco nos vayamos olvidando del plan de vida.

Quizás te interese: "Cómo salir de la rutina: 16 consejos"

2. Determina tus valores
Ningún plan de vida prosperará si va en contra de nuestros valores. Por eso, hay que tener claro cuáles son aquellos a los que les concedemos una mayor importancia. Para ello, lo mejor es hacer una lista en la que consten los principales valores que consideres relevantes, y luego ordénalos según su importancia. Si

te cuesta pensar en varios, puedes encontrar ejemplos en este artículo: Los 10 tipos de valores: principios que rigen nuestras vidas

3. Determina tus necesidades
Piensa en aquello que más te llena, pero no seleccionando simplemente tus deseos del momento, sino aquellos objetivos generales que crees que pueden abarcar tus grandes proyectos vitales. Haz lo mismo que en el paso anterior: realiza un listado de necesidades y ordénalas priorizando las que sean más relevantes para ti. Quédate con un máximo de tres de ellas, dado que, si tratas de aspirar a varias, posiblemente no puedas involucrarte demasiado en todas ellas.

Por otro lado, piensa que las mejores metas son las que involucran la felicidad de mucha gente, ya que su huella permanece durante más tiempo y de manera más estable que los casos en los que eres la única persona que lo aprecia. De todas formas, más allá de esta observación, es perfectamente válido orientar una vida a una meta que hará que la única persona que disfrute del fruto de años de trabajo.

4. Transforma tus necesidades y valores en cadenas de acción
A partir de tus objetivos y valores, desarrolla una serie de cadenas de acciones que te lleven de la situación presente a tus metas. Es decir, ve de lo abstracto de tus objetivos y valores a lo concreto, las estrategias y métodos que te pueden llevar a donde quieres estar a varios años vista.

Una buena manera de hacerlo es pasar por varias capas de abstracción, generando objetivos generales y luego construyendo sub-objetivos a partir de ello. Por otro lado, procura fijarte fechas límite para hacer que tu compromiso con el plan de vida aumente.

5. Reflexiona sobre el rol que jugarán otras personas en tu vida
Sería un error realizar un plan de vida sin tener en cuenta al resto de las personas que nos rodean y que nos rodearán en un futuro. ¿Quieres alejarte de ciertas influencias negativas? ¿Te gustaría pasar más tiempo con aquellos a quienes quieres y aprecias? ¿Cómo combinarás eso con tus objetivos?

6. Aplica tu plan de vida y monitorízalo
No es suficiente con llevar a cabo las acciones necesarias para ir desarrollando el plan de vida. También hay que seguir controlando que esos objetivos a los que aspiramos tengan un sentido para nosotros. El simple paso del tiempo y nuestro propio proceso de maduración y aprendizaje hace que estas necesidades puedan cambiar de manera espontánea, y por eso necesitamos estar alerta para no continuar ciegamente con esos planes.

32. EJERCITA

Ejercitar tu cuerpo y lograr estar en forma requiere de mucho trabajo, dedicación y motivación. Los tipos de ejercicio y la frecuencia con la que los realices dependerán de tus objetivos específicos de entrenamiento. Por ejemplo, si deseas entrenar para una media maratón, posiblemente debas pasar más tiempo corriendo y participando en otras actividades cardiovasculares. Sin importar cuál sea tu objetivo, deberás comenzar con un plan e incluir los ejercicios que entrenen mejor tu cuerpo.

PREPARARSE PARA EJERCITARSE
1. Visita a un doctor. Es recomendable que visites a un doctor cada vez que quieras comenzar un nuevo entrenamiento o programa de ejercicios. Tu doctor te dirá si el plan es seguro y apropiado para ti.

Reserva una cita o llama a tu doctor. Infórmale sobre tus objetivos y tu plan de ejercicios para que te ayude a alcanzarlos.

Además, dile si tienes algún dolor articular o muscular además de cualquier otro tipo de dolor o dificultades para respirar.

Asimismo, considera visitar a un entrenador personal. Se trata de un profesional del acondicionamiento físico que te ayudará a establecer tus objetivos, diseñar un plan para alcanzarlos y enseñarte una variedad de ejercicios que puedas realizar de manera segura.

2. Establece tus objetivos. Ejercitar tu cuerpo es un objetivo bastante amplio. Aunque es una buena idea comenzar con este objetivo, es recomendable que establezcas un objetivo más específico para que mejores tus posibilidades de alcanzarlo.

Si estableces objetivos específicos, realistas y puntuales, existe una mayor probabilidad de que sean apropiados para ti y puedas alcanzarlos.

Además, agrega información sobre cómo vas a alcanzar tu objetivo.

Emplea un poco de tu tiempo para pensar acerca del propósito de tu entrenamiento. Decide si quieres entrenar simplemente para estar en un mejor estado físico, participar en una carrera, adquirir más fuerza, desarrollar más masa muscular magra, bajar de peso, etc.

Un ejemplo de un buen objetivo para correr una carrera de 16 kilómetros (10 millas) dentro de 5 meses sería correr de 3 a 4 días a la semana e incrementar el kilometraje a razón de 1, 6 kilómetros (1 milla) cada dos semanas hasta alcanzar los 16 kilómetros (10 millas).

3. Comienza un diario para registrar tu progreso. Sin importar el propósito de tu entrenamiento o lo que te hayas propuesto, registrar tu progreso en un diario puede ser una parte motivadora de tu plan.

Escribe tus objetivos y tu plan en el diario. Hacerlo puede ser útil para mantenerte enfocado y llevar un registro de tu entrenamiento.

Además, registra tu progreso cada día o semana. Si vas a entrenar para esa carrera de 16 kilómetros (10 millas), quizá debas escribir cuántos kilómetros puedes alcanzar cada semana o cuán fácil o difícil ha sido conseguirlo.

También puedes mantener un pequeño calendario o tabla donde planees tus ejercicios de la semana o del mes.

4. Inscríbete en un gimnasio o compra equipo para acondicionamiento físico. Algunos planes de entrenamiento podrían requerir un gimnasio o equipo especializado. No todas las actividades físicas requieren de este equipo aunque quizá quieras considerar qué equipo necesitarás para alcanzar mejor tu objetivo.

Considera inscribirte en un gimnasio. La mayoría de membrecías cuestan tan poco como 10 dólares al mes. Los gimnasios te permiten hacer la mayoría de ejercicios en sus instalaciones. Puedes hacer varios tipos de ejercicios cardiovasculares, entrenamiento de fuerza e incluso tomar clases. Aunque no necesites usar el equipo del gimnasio, es una buena idea tener la opción de trabajar dentro de sus instalaciones cuando llueve o hace frío.
Si no te gusta ir al gimnasio, quizá debas considerar comprar algunos equipos de gimnasio para el hogar. Puedes comenzar poco a poco con unos cuantos objetos como pesas o bandas de resistencia o comprar equipo más costoso, como máquinas para ejercicios cardiovasculares o máquinas de gimnasio para el hogar.

EJERCITAR TU CUERPO CON EJERCICIOS CARDIOVASCULARES
1. Haz 150 minutos de ejercicios cardiovasculares semanalmente. Las Directrices de actividad física para estadounidenses recomiendan realizar al menos 150 minutos o aproximadamente 2 horas y media de actividades cardiovasculares cada semana para obtener una cantidad mínima de beneficios en la salud.

Los estudios han demostrado que las personas que realizan 150 minutos de actividad física obtienen una variedad de beneficios en su salud. Entre estos beneficios se encuentran una disminución en el riesgo de contraer diabetes, presión arterial alta y enfermedades cardíacas; pérdida de peso y un mejoramiento en los hábitos de sueño, el humor y la circulación sanguínea.

Dentro de estos 150 minutos puedes incluir actividades cardiovasculares como caminar, correr, montar bicicleta o hacer una clase de kick boxing. Sin embargo, la actividad que realices durante el día (actividad de línea de base o actividad diaria) no se considera dentro de los 150 minutos.
Si recién comienzas con la actividad física, uno de tus primeros objetivos puede ser cumplir con esta recomendación general.

2. Incluye entrenamiento estacionario y de intervalos. Existen dos tipos principales de ejercicios cardiovasculares: los ejercicios cardiovasculares estacionarios y los ejercicios cardiovasculares de intervalos. Ambos tipos de ejercicios ofrecen una variedad de beneficios, así que escoge el tipo de ejercicio que sea más útil para alcanzar tus objetivos.

Los ejercicios cardiovasculares estacionarios son actividades que realizas al menos durante 10 minutos y mantienen tu intensidad. El objetivo es que mantengas un ritmo cardíaco estable durante esta actividad.[6]Por ejemplo, trotar durante 20 minutos o usar la máquina elíptica a una velocidad constante durante 30 minutos cuentan como ejercicios cardiovasculares estacionarios.

Algunos de los beneficios específicos de realizar ejercicios cardiovasculares estacionarios son una mejor y más rápida recuperación, el mantenimiento de la masa muscular magra, el incremento significativo de los niveles cardiovasculares y de capacidad aeróbica, además de la disminución inmediata de la presión arterial y el azúcar en la sangre.[7]
El entrenamiento de intervalos de alta intensidad (HIIT,por sus siglas en inglés) es otro tipo de ejercicio que se ha vuelto muy popular recientemente. Se trata de una rutina de ejercicios corta que combina sesiones cortas de ejercicios de alta intensidad con sesiones de ejercicios más moderados.

Los beneficios del entrenamiento de intervalos de alta intensidad difieren ligeramente del entrenamiento cardiovascular estacionario y pueden incluir una sesión de ejercicios más eficiente y rápida, un incremento en la capacidad de quemar calorías de la grasa y un incremento en el metabolismo dentro de 8 a 24 horas después de haber completado la sesión de ejercicios.

Sin importar qué tipo de ejercicio escojas hacer principalmente, es recomendable que hagas una combinación entrenamiento de intervalos de alta intensidad y ejercicios de intervalos estacionarios para que puedas obtener los beneficios de ambos.

3. Incrementa tus actividades de línea base. Aunque las actividades de línea base no proporcionan tantos beneficios como los entrenamientos estacionarios o los entrenamientos de intervalos de alta intensidad, estas actividades son una parte importante de mantenerte activo.

Las actividades de línea base o actividades cotidianas son cosas que haces en un día típico, como subir a un auto y descender de él o hacer tareas del hogar.

Estas actividades no queman muchas calorías en sí ni incrementan tu ritmo cardíaco. No obstante, estas actividades te ayudan a quemar algunas calorías y pueden mejorar tus niveles de salud cuando las realizas durante todo el día con tanta frecuencia como sea posible.

Piensa en formas de mantenerte más activo o incluye más movimiento durante el día. Puedes hacer cosas como estacionarte más lejos, subir las escaleras en lugar de tomar el elevador, realizar caminatas cortas durante la hora del almuerzo y hacer ejercicios ligeros durante los comerciales de televisión.

EJERCITAR TU CUERPO CON EJERCICIOS DE LEVANTAMIENTO DE PESAS

1. incluye entre 2 a 3 días de entrenamiento de levantamiento de pesas semanalmente. Además de los ejercicios cardiovasculares, las Directrices de actividad física para estadounidenses recomiendan que incluyas aproximadamente entre 2 a 3 días de entrenamiento de fortalecimiento o levantamiento de pesas cada semana.

En comparación con los ejercicios aeróbicos o cardiovasculares, los entrenamientos de fortalecimiento y resistencia te proporcionan diferentes beneficios como la protección de los huesos y la prevención de la osteoporosis, el mantenimiento o incremento de la masa muscular magra, el incremento de todo el metabolismo, el mejoramiento del equilibrio y la coordinación, además de la estimulación de los niveles de energía.

Los ejercicios de levantamiento de pesas pueden incluir una variedad de actividades como los ejercicios polimétricos o ejercicios de levantamiento de pesas, el entrenamiento con pesas libres, el uso de máquinas de pesas o la práctica de yoga o pilates.

2. Haz una combinación de ejercicios compuestos y de aislamiento. En cuanto al levantamiento de pesas o entrenamiento de resistencia, existen dos tipos básicos de ejercicios: los ejercicios compuestos y los ejercicios de aislamiento. Ambos tipos de ejercicios ofrecen diferentes beneficios y el que escojas dependerá de tu objetivo general.

Los ejercicios compuestos son actividades que requieren la reunión de varias articulaciones y grupos de músculos para realizarlos. Entre los ejemplos de ejercicios compuestos, se encuentran los press de banca, las sentadillas y las estocadas.

Los ejercicios compuestos brindan beneficios como un menor riesgo de sobre entrenamiento, la reducción de la duración total de los ejercicios , el incremento de masa muscular y fuerza.[14]
Los ejercicios de aislamiento son aquellos que solo se enfocan en un grupo pequeño de músculos o requieren máquinas para levantar peso para enfocarse en un solo grupo de músculos. Entre estos ejercicios se encuentran las flexiones de bíceps con máquinas o las extensiones de tríceps en la banca.

Para la mayoría de tus objetivos de entrenamiento (incluso desde los más básicos hasta los más avanzados), la opción más recomendable es que emplees más tiempo con ejercicios compuestos. Los ejercicios de aislamiento son más recomendables para afinar modificaciones después de haber alcanzado tus objetivos.

3. Escoge realizar una serie de repeticiones bajas o altas. Además de escoger ejercicios compuestos de aislamiento, también deberás decidir si quieres o no hacer repeticiones más altas con poco peso o repeticiones más bajas con más peso.

Las repeticiones más altas hacen que obtengas mayor masa muscular pero no fuerza. Si tu objetivo es desarrollar masa muscular, incluye ejercicios con repeticiones más altas.

Las repeticiones más bajas con más peso incrementan significativamente la fuerza pero no necesariamente incrementan la masa muscular.

Es recomendable que hagas una combinación de ejercicios de repeticiones altas y bajas. Sin embargo, debes adaptar este aspecto dependiendo de si tu objetivo es incrementar tu masa muscular o tu fuerza.

EJERCITARSE DE FORMA SEGURA
1. Haz un calentamiento. Antes de realizar cualquier sesión de ejercicios, es importante que calientes previamente. Incluye un calentamiento corto antes de tus ejercicios para que tu rutina de ejercicios sea segura.

No es necesario que realices ejercicios de calentamiento específicos . Generalmente, es recomendable que realices una rutina de calentamiento de al menos 5 a 10 minutos. Sin embargo, cuanto más extenso sea el plan de tu rutina de ejercicios, más extensa deberá ser tu rutina de calentamiento.

El objetivo de los calentamientos incluye dilatar lentamente los vasos sanguíneos de tus músculos para incrementar el flujo de sangre y oxígeno, incrementar la temperatura de tus músculos para tener una mejor flexibilidad y eficiencia e incrementar lentamente tu ritmo cardíaco, lo cual disminuye el estrés general de tu corazón.

Los calentamientos generalmente son la versión más leve de cualquier actividad que planees realizar. Por ejemplo, si planeas salir a correr, primero camina entre 5 a 10 minutos.

2. Toma uno o dos días de descanso. Aunque te parezca contradictorio, tomar días de descanso de manera adecuada es tan importante como realizar ejercicios. De lo contrario, tendrás problemas para alcanzar cualquier objetivo de entrenamiento.
En cuanto al entrenamiento de fortalecimiento, los días de descanso son en realidad el período en que tus músculos aumentan de tamaño y se fortalecen.

Si no tomas días de descanso, al final tendrás un desempeño y resultados deficientes.

Durante tus días de descanso, incluye actividades de poca intensidad. No necesariamente tienes que holgazanear todo el día sin hacer nada. Lo ideal es que camines un poco o hagas yoga restaurador.

3. Estírate. Una combinación adecuada de descanso, calentamiento y estiramiento pondrá a tu cuerpo en la mejor condición para ejercitarte y conseguir los mejores resultados.[21]

Se ha demostrado que el estiramiento ayuda a reducir la rigidez muscular y el dolor cuando se realiza apropiadamente. Además, hacerlo también puede ayudar a mejorar la flexibilidad a largo plazo.

Otros beneficios del estiramiento regular incluyen el mejoramiento de la postura, el incremento del flujo sanguíneo, la prevención del dolor de espalda y cuello, además del mejoramiento del equilibrio.

Puedes hacer una rutina lenta de estiramiento con movimiento como tocarte los dedos de los pies o tomar una clase restauradora o de estiramiento, como una clase de yoga.

Te aconsejo que hables con tu doctor antes de comenzar con cualquier programa de ejercicios nuevo. Tú doctor podrá decirte lo que es apropiado y seguro para ti.

Si sientes cualquier dolor, incomodidad o tienes dificultades para respirar, deja de hacer ejercicios y acude a un doctor inmediatamente.

33. APRENDE NUEVAS HABILIDADES

Ya sea para seguir formándote profesionalmente o cumplir con alguna aspiración personal, aprender algo nuevo puede ayudarte a crecer en muchos aspectos de tu vida.

Aunque Internet ofrece muchas formas de acceder a nuevos conocimientos, la falta de tiempo y otro tipo de obstáculos evitan que la mayoría de la gente logre este tipo de metas.

Josh Kaufman, autor del libro "En sólo 20 horas: Aprende lo que quieras de manera rápida", explica que la gente se asusta cuando quiere aprender algo nuevo porque a nadie le gusta "sentirse tonto". "La barrera más grande para aprender algo nuevo no es intelectual, es emocional", comentó Kaufman cuando compartió su método de aprendizaje en TEDx.

Ya sea una nueva habilidad mental o física, existen cuatro pasos claves que Kaufman recomienda para aprender de forma más eficaz, e incluso más rápido de lo que imaginas.

1. Desglosar lo que quieres aprender

Es necesario que definas a detalle lo que quieres ser capaz de hacer exactamente, para luego analizar cuáles son los elementos y conocimientos que componen esa práctica. Normalmente lo que deseas aprender está compuesto por diversas habilidades, más específicas.

Entre más desgloses la actividad, serás capaz de decidir qué partes son esenciales para que logres tu objetivo. Así podrás organizarte y definir qué habilidades practicar primero, para que puedas mejorar tu rendimiento.

2. Corregir tus errores

Ya sea a través de Internet, libros, tutoriales o algún asesor; consigue los recursos básicos que te permitan conocer más sobre lo que vas a practicar. Se trata de aprender solo lo suficiente y necesario, para que puedas identificar cuándo has cometido un error y corregirlo.

3. Eliminar las barreras que te evitan practicar

Es necesario que identifiques todas las distracciones que puedan ser un obstáculo para tu aprendizaje.

Si bien, puede ser algo evidente, el no centrar tu atención al 100% al practicar, es muy posible que te tome mucho más tiempo retener y dominar lo que necesites para aprender. Así que también olvídate de hacer varias cosas a la vez.

Entre más fuerza de voluntad tengas para alejar de ti aquello que sabes que sólo tc quitará tiempo, más rápido podrás avanzar en lo que realmente deseas hacer.

4. Practicar al menos 20 horas

Kaufman explica que al momento de aprender algo es necesario superar la frustración que representa el sentirse ignorante, e incluso tonto, al no poder dominar la habilidad que se está practicando.

Comprometerte a cumplir con las 20 horas de práctica, te permitirá superar la barrera de frustración y seguir haciendo lo necesario para que puedas notar los avances. Puedes definir un horario que te permita practicar media hora al día, dos horas a la semana; la idea es que seas constante.

Haz cuentas si practicas cuatro horas a la semana, puedes aprender en cinco semanas. Si practicas una hora semanalmente, verás los resultados en cinco meses. ¿Qué nueva habilidad quieres aprender?

34. BEBE MENOS ALCOHOL

Decidirse a abandonar el consumo de alcohol

Muchas personas con problemas con el alcohol no pueden decir cuándo su consumo de la bebida está fuera de control. Usted probablemente tiene un problema de alcoholismo cuando su cuerpo depende del alcohol para funcionar y su consumo le está causando problemas con su salud, su vida social, su familia o su trabajo. Reconocer que tiene un problema de alcoholismo es el primer paso para lograr estar libre del alcohol.

Hable con su proveedor de salud sobre su consumo de alcohol. Su proveedor puede ayudarlo a encontrar el mejor tratamiento.

¿Está listo para cambiar?
Usted puede haber intentado dejar de beber alcohol muchas veces en el pasado y sentir que no tiene ningún control sobre éste. O tal vez esté pensando en dejar de

beber, pero no está seguro de si está listo para comenzar.

El cambio tiene lugar en etapas y con el paso del tiempo. La primera etapa es estar listo para cambiar. Las etapas importantes que siguen abarcan:

Pensar en las ventajas y desventajas de dejar de beber. Hacer pequeños cambios y pensar en cómo enfrentar las partes difíciles, como qué hacer cuando esté en una situación en la que normalmente bebería.
Dejar de beber.
Llevar una vida libre del alcohol.
Muchas personas van y vienen a través de las etapas de cambio varias veces antes de que el cambio realmente dure. Planee con antelación lo que hará si tiene un desliz. Trate de no desanimarse.

Cambios del estilo de vida que pueden ayudar

Para ayudar a controlar su consumo de alcohol:

Evite las personas con las que usted normalmente bebería o los lugares donde tomaría.
Planee actividades que disfrute y que no impliquen beber.
Mantenga el alcohol fuera de su hogar.
Siga su plan para manejar las ganas de beber.
Recuérdese a sí mismo por qué decidió dejar de beber.
Hable con alguien de confianza cuando tenga ganas de beber.
Invéntese una manera amable pero firme de negarse a beber cuando le ofrezcan un trago.

Recibir ayuda de los demás

Después de hablar con el médico o un asesor en alcoholismo sobre su consumo de alcohol, probablemente lo remitirán a un grupo de apoyo o un programa de rehabilitación para alcohólicos. Estos programas:

Le enseñan a la gente acerca del consumo excesivo de alcohol y sus efectos.
Ofrecen asesoría y apoyo sobre cómo mantenerse alejado del alcohol.
Brindan un espacio en donde usted puede hablar con otras personas que tienen problemas con el alcohol.

Usted también puede buscar ayuda y apoyo de:

Familiares o amigos de confianza que no beben.

35. COMIENZA UN NUEVO PASATIEMPO

¿Estás buscando un nuevo pasatiempo o hobby? ¿O disfrutas de un pasatiempo en el que has estado trabajando durante años? Siga leyendo para descubrir cómo puede divertirse aún más con su hobby.

El senderismo puede ser un gran pasatiempo para disfrutar de la naturaleza y mantenerse en forma. Encuentra diferentes rutas de senderismo cerca de tu casa y comienza a descubrir todas las maravillas que la Madre Naturaleza tiene para ofrecer. Lleve a su mejor amigo con usted y tal vez incluso lleve una canasta de picnic con usted y luego camine hasta su lugar favorito para sentarse y disfrutar de ese almuerzo en el campo.

Futbol

¿Podría su amor por el fútbol expandirse a un hobby? No necesitas jugar para disfrutar del hobby del fútbol . Todo lo que necesitas es reunir a tus amigos, y hacer quinielas o ver partidos por la televisión. Y luego semana a semana ver las clasificaciones de cada una de las ligas que te gusta seguir. Pueden ser las ligas de tu país o la de otros en los que participen jugadores que sean tus favoritos.

Pasatiempos y Hobbies

La fotografía no es un pasatiempo tan caro como solía ser antes de la aparición de las cámaras digitales. Si ya posee una cámara digital, puede comenzar de inmediato. Recuerda que no tienes que ser un gran artista para tomar una buena foto, y si lees y estudias un poco, puedes convertirte en un buen fotógrafo.

Pescador

La pesca es un hobby genial. Es una actividad que siempre estará presente. Realmente se puede llamar una tradición. Requiere que seas paciente, pero también es muy emocionante atrapar un pez grande. Puedes comer el pescado que pescas o volver a colocarlo en el agua.

Cuidar el jardín

Disfruta del aire libre mientras cuidas de tu jardín. Lo que parece que es un trabajo duro es el orgullo y la alegría de otra persona. Comience en la primavera con algunas semillas, luego cultívela durante el verano, después de eso verá excelentes resultados en el otoño. Incluso puede ahorrar dinero en productos.

Ajedrez online

Los juegos en línea pueden ser un pasatiempo en el que mucha gente está metida en estos días. Sin embargo, ten cuidado, ya que puede ser fácil perder el contacto con la realidad cuando juegas online. Si está buscando una buena manera de pasar el tiempo durante todo el día, el hobby de los juegos es el adecuado para usted.

Rompecabezas
Los rompecabezas también pueden ser un gran pasatiempo. Puedes elegir entre niveles fáciles y difíciles. Cuélgalos y muéstralos para que todos los vean. Después de completar cada uno, aumenta la dificultad. Para utilizar rompecabezas grandes como su pasatiempo y no ocupar la mesa de comedor, use tablas plegables hechas para estos menesteres. Mantiene el rompecabezas intacto, pliegue los lados y luego guárdelo plano para su próxima sesión. El tablero sirve para mantener las piezas seguras hasta la próxima vez que juguemos

Beneficios de tener un hobby. Busque tiempo para sus pasatiempos.

Si hay cosas que te encanta hacer, no te sientas mal por programar el tiempo para participar en estas actividades. Simplemente no descuides tus otras responsabilidades importantes. Participar en pasatiempos te ayuda a ser más completo, lo que te hará una persona más feliz y saludable. Además, es probable que encuentre que su desempeño en sus otras responsabilidades, como su trabajo, aumenta. Ambos son importantes, así que asegúrese de pasar tiempo con su hobby o pasatiempo favorito o que más le guste.

Recuerde ¡la seguridad primero! ...cuando participe en un nuevo pasatiempo.

A veces la seguridad se nos escapará si nos divertimos haciendo algo. Siga todas las instrucciones de seguridad cuando practique su pasatiempo.

Intente evitar el alcohol . El alcohol puede perjudicar su juicio y capacidad de desempeño. De hecho, te divertirás más con tu pasatiempo si no bebes.

Si desea involucrar a un niño en un pasatiempo, comience con las cosas que quiere. Si les gusta bailar, entonces echen un vistazo a las clases de baile, o si les gusta construir cosas, entonces consígales un set de construcción.

Comenzar un nuevo pasatiempo, considera las cosas que disfrutas.

¿Qué te gusta hacer? ¿Que habilidades tienes? Por ejemplo, si le encanta ver películas, puede hacer o editar videos.

Considera ejecutar tu propio blog. Muchas personas los usan en estos días, obteniendo muchas utilidades y distracción. Los blogs se pueden usar para publicitar su negocio, o simplemente se pueden usar para hablar sobre usted o sobre sus hobbies y pasatiempos. Pueden ser un gran alivio del estrés después de un duro día de trabajo, o dar lugar a nuevas amistades, a recibir artículos gratis para que pruebes, o incluso a obtener un poco de dinero en efectivo.

Muchos pasatiempos comienzan con un talento natural que se desarrolla con el tiempo. Al hacer esto, podría crear un maravilloso regalo para sus seres queridos, o podría promover sus habilidades a los demás.

Tocar música como aficionado puede ser muy divertido. Practicando solo o puedes compartir tus talentos musicales con todos.

Si eres un lector ávido pero odias lidiar con el desorden de libros, tal vez sea conveniente vender parte de tu colección. No solo liberará espacio en casa, puede usar el crédito de la tienda del libro que vende para buscar otros nuevos. Leer es uno de los pasatiempos más maravillosos que puedes tener.

Los pasatiempos ofrecen mucho disfrute y hacen que tu vida sea más divertida. Haga que los pasatiempos sean más agradables con los consejos de este artículo. Aproveche al máximo su tiempo libre y disfrute del pasatiempo que elija.

GUARDA BIEN ESTAS REGLAS DE ORO Y COMPÁRTELO

Gracias por tu atención…

Made in the USA
Middletown, DE
08 September 2022

73514372R00076